小泉武夫／真藤舞衣子

# サバの味
# ワインが

小泉武夫の「わ

日経プレミアシリーズ

# 新ゴボウと桜エビのかき揚げ

## 野趣の匂い香ばしく

▶ P34

上品な新ゴボウの香りと桜エビ
美しい黄金のかき揚げを塩で

材料（2～3人分）

新ゴボウ　120g（約1/2本）
アサツキ（万能ねぎ）　5本
桜エビ　12g
〈衣〉※全て冷やしておく
　薄力粉　90g
　卵　1個
　水　90mℓ

作り方

1 新ゴボウはささがきにして酢水（分量外）にさらし、水気を切る。アサツキは小口切りに。
2 薄力粉と水を粘りが出ないように溶いて、溶き卵を入れてさっくりと混ぜる。
3 ②に①を入れさっくりと混ぜ合わせ、170°Cの揚げ油に具を菜箸でひとつかみずつ入れて、カラリと揚げる。

春

# アサリの卵丼
## ムッチリポックリ妙味
▶ P37

材料（1人分）

新アサリ（むき身）……40g
卵……1個
トマト……1個
アサツキ……1本
醤油……適量
塩……少々
油……大さじ1
ご飯……適量

作り方

❶アサリは塩水で洗ってからさっと湯通しし、醤油少々をかけて下味をつける。

❷トマトは湯むきして4つ切りにし、1切れを角切りに、アサツキは小口切りにする。

❸ボウルに卵を割り入れ、トマトの角切り、アサツキ、醤油、塩を入れて混ぜる。

❹中華鍋に油を入れ残りのトマトを炒め、③を流し入れる。卵がブクブクしてきたらかき混ぜて半熟状になったら火を止め、温かいご飯の上にのせる。

# 無敵の粕漬け
## 遠火の弱火でプリリ ▶ P61

材料（作りやすい分量）
酒粕……500g
味噌……90g
砂糖……75g
塩……５g
みりん……大さじ２
水……大さじ２
酒……大さじ１
サケの切り身、ホタテ、ウインナーなど

作り方
❶材料を全て混ぜ合わせる。
❷好みの具材を４時間以上漬け込む。
❸遠火の弱火でじっくり焼く。

＊漬け込み具材はお好みで。漬け上がった具材はラップなどに包んで冷蔵庫で５日間ほど、冷凍なら１カ月ほど日持ちする。

# 豚スペアリブの快楽
## 溢れる野性ガブリ ▶ P87

材料（２人分）
スペアリブ……４本
〈バーベキューソース〉
　水……50mℓ
　トマトケチャップ
　　……大さじ１と½
　ウスターソース
　　……大さじ１
　醤油……大さじ１
　砂糖……大さじ１

作り方
❶バーベキューソースの材料を混ぜ合わせておく。
❷オーブンペーパーを敷いた天板にスペアリブを並べ、200℃に予熱したオーブンで15分焼く。
❸②の片面に①のソースをたっぷり塗って、再び200℃で10分ほど焼き、裏返しにして反対面にもソースをたっぷり塗り、10～15分焼き上げる。

＊バーベキューソースにスペアリブを一晩漬け込んでおいてもOK。

骨から引きちぎった肉の野趣を感じながら
バーボンと一緒に悶絶の美味を味わう

# 高菜の古漬け
## 牛肉と炒め牧歌的味わい ▶ P96

材料（２人分）
牛肩ロース薄切り……150g
長ネギ…… １本
厚揚げ……½ 丁
高菜の古漬け……120g
ゴマ油……大さじ１
酒……大さじ１
みりん……大さじ１
醤油……小さじ２
豆板醤……小さじ１

作り方
❶牛肉、高菜は食べやすい大きさに、厚揚げは角切り、長ネギは斜め切りにする。
❷中華鍋にゴマ油を熱し、牛肉を入れて炒め、肉の色が変わったらネギと厚揚げを加えて炒める。全体に火が回ったら高菜を加えて炒め、酒、醤油、みりん、豆板醤を加え、さっと炒め合わせる。

香ばしい麺に絡むあん
味覚と触覚の融合

# 俺流あんかけ焼そば

## パリパリ後ホコホコ ▶ P108

材料（２人分）
中華蒸し麺……２玉
冷凍むきボイルエビ……50g
豚バラ肉薄切り……100g
ハクサイ……100g
タマネギ……½個
シイタケ……３個
ニンジン……５㎝
サヤエンドウ……10枚
油……適量
〈あん〉
ダシ汁…２カップ、日本酒・片栗粉…各大さじ２、塩・コショウ…適量、ゴマ油…大さじ２、オイスターソース…小さじ１

作り方
❶エビは解凍し、豚肉と野菜は食べやすい大きさに切る。
❷ボウルにダシ汁、日本酒、片栗粉を合わせておく。
❸フライパンを熱し、ゴマ油を入れ、中華蒸し麺をほぐして全体を広げ、両面に焼き色がついたら器に盛る。
❹フライパンに油を引き、豚肉、野菜を炒める。
❺②を加えてとろみがついたら、塩、コショウ、ゴマ油とオイスターソースを加えて合わせ、麺にのせる。

秋

風格ある厚切りステーキと
それを囲む名脇役たち

# 厚切りハムのワインステーキ

## なんと美しい風景か ▶ P161

材料（2人分）

**ハムのワインステーキ**

ボンレスハム（好みの厚さで）……2枚
バター……大さじ1
赤ワイン……大さじ1
塩、コショウ……適量

**マッシュポテト**

ジャガイモ……1個
牛乳……1/4カップ
バター……大さじ1
塩、コショウ……少々

**ホウレンソウソテー**

ホウレンソウ……1/4束
バター……少々

**ニンジンのソテー**

ニンジン……50g

作り方

1. ハムは熱湯にさっと通して水気を拭く。ジャガイモを茹で、皮をむき熱いうちに裏ごしする。鍋にバターを溶かし、ジャガイモと牛乳を加え、塩、コショウで味を調える。
2. ホウレンソウはさっと茹でて食べやすい大きさに切る。フライパンにバターを入れ1分ほど炒める。
3. ニンジンは輪切りにして下茹でし、ホウレンソウを炒めたフライパンで、両面に焼き目がつくまで焼く。
4. ③のフライパンにバターを溶かし、ハムの両面に焼き目をつけ、赤ワインを振り、塩、コショウをする。
5. ハムを盛り、焼き汁をかけ、つけ合わせを添える。

# 俺流サバの味噌煮
## 茜色の身 白ワインと ▶ P134

材料（２人分）
新鮮なサバ……１尾
万能ネギ……$^{1}/_{2}$把
油……適量
〈タレ〉
水……$^{1}/_{2}$カップ
酒、トマトケチャップ、醤油、味噌……各大さじ１と$^{1}/_{2}$
砂糖……大さじ１
みりん……大さじ$^{1}/_{2}$

作り方
❶サバは３枚におろし、おろし身を半分に切り分ける。
❷皮側に切り目を２本ほど入れ、油を引いたフライパンで両面を中火で焼き上げる。
❸②を鍋に入れ、混ぜ合わせたタレの材料を加え、３㎝幅に切った万能ネギを入れる。中火で煮て、煮汁が煮詰まったら火を止める。

イカの繊細なうま味を
ケッパー、オリーブが

# ヤリイカのオリーブ焼き

## 美味さが止まらない ▶ P158

材料（２人分）

ヤリイカ……４杯
赤ピーマン……½個
ライプオリーブ（種ぬきオリーブ）……２個
ケッパー酢漬け……大さじ１
ニンニク……１かけ
オリーブ油……大さじ１と½
バター……小さじ２
ブランデー……大さじ１と½
刻みパセリ……小さじ２
塩、コショウ……適量

作り方

❶ヤリイカは足を抜いてワタと目を取って洗い、皮をむき、塩、コショウを振る。
❷フライパンにバターを溶かし、粗みじん切りにしたオリーブと赤ピーマン、ケッパーを炒め、取り出す。
❸オリーブ油を入れ薄切りのニンニクを炒め、香りが立ったらヤリイカを入れて、ブランデーを振って炒める。
❹③に②を戻し入れ、刻みパセリを加え、手早く混ぜる。

鶏と野菜の相乗効果で
秀逸の美味しさ

冬

# チキンシチュー

## 鶏と野菜が味、染め合う ▶P198

（2人分）

鶏肉（骨付き、ぶつ切り）　300g
タマネギ（小）　1個
ニンジン　1本
ジャガイモ　1個
ピーマン　2個
オリーブ油　大さじ1
薄力粉　大さじ1と$^{1}/_{2}$
水　600ml
固形チキンコンソメ　2個
塩、コショウ　適量

1 鶏肉は塩、コショウして30分おく。タマネギはくし切り、ニンジン、ジャガイモ、ピーマンは一口大に。
2 鍋にオリーブ油を引き、野菜、鶏肉を炒め、小麦粉を振り入れダマにならないように水を少しずつ注ぐ。コンソメを入れ、強火にする。
3 煮立ったら蓋をして弱火で20分ほど煮込み、塩、コショウする。

# エビの焼きめし

## 奥深いアンチョビー ▶P201

材料（2人分）

無頭エビ……100g
長ネギ……$^{1}/_{2}$本
卵……2個
油……大さじ2
ご飯……400g
アンチョビー……15g
醤油……小さじ2
豆板醤……少々

作り方

1. エビは塩水で洗い、殻をむいて背わたを取り、3等分に切る。長ネギは粗みじん切りにする。卵を割ってほぐし、熱したフライパンに卵を入れ、スクランブルエッグ状にして取り出す。
2. フライパンに油を入れ、エビと長ネギを入れて炒め、ご飯を加えて木べらで切るようにして炒め合わせる。
3. ②に刻んだアンチョビーと卵を加えて炒め合わせ、醤油と豆板醤数滴で味を調える。

成熟した発酵香を纏った
濃厚なうま味とコク

# 牛肉豆腐
## 焼酎・ワイン、何でもござれ

▶ P228

材料（２人分）
牛肉切り落とし……200g
木綿豆腐……１丁
長ネギ……１本半
油……小さじ２
〈合わせ調味料〉
　水……150㎖
　醤油……大さじ３
　砂糖、酒、みりん
　　……各大さじ２
　塩……少々

作り方
❶フライパンに油を引き、強めの中火で牛肉の色が変わるまで炒める。
❷肉を端に寄せてから、横半分、縦に３～４等分に切った豆腐と斜め切りにした長ネギを加え、豆腐にうっすらと焼き色がつくまで焼く。
❸混ぜておいた合わせ調味料を加え、５～10分ほど煮込んだら完成。

# はじめに

日本経済新聞に「食あれば楽あり」を連載した最初は1994年4月であった。当初は3カ月の連載ということで始まったのだが、幸い読者からの反響もあって、それが6カ月となり、1年となり、気づいてみると約30年が過ぎ、この間、一度の休載もなくまだ連載は続いている。これもひとえに日本経済新聞社のご理解と、読者の熱い支持によるものと感謝している。

これまで連載してきた中で、著者として最も嬉しいことは何と言っても読者からの励ましの手紙やファックスなどである。連載が始まってから優に2000通は超したが、それらの中には、この連載をまとめた本がいつ出るのか、という問合せが大変に多かったことである。実はすでに第1集『食に知恵あり』（1996年9月）、第2集『食あれば楽あり』（1999年6月）、第3集『小泉武夫の食に幸あり』（2002年10月）、第4集『小泉武夫の料理道楽食い道楽』（2005年11月）、第5集『小泉武夫の美味いもの歳時記』（2008年12月）、第6集『小泉武夫の快食日記』（2011年2月）、と過去6冊が出版されている。しかし、その第6集以降から今年の2024年までの13年間はまったく出版されておらず、著者としてとても痛恨の思いであった。

そこで本書は、30年の連載終了と31年目に突入という節目に、その記念としてこれまでの連載の中から67編を選び抜き、料理写真を添えたデラックス版を出すことになったのである。

さて新聞の連載タイトル「食あれば楽あり」だが、多くの読者は「食《しょく》あれば楽《らく》あり」と読むことであろう。ところが著者の意図するところは「食《く》あれば楽《らく》あり」と読んでいただくことにある。格言の「苦あれば楽あり」（本意は「現在の苦労は後日の安楽のもとである」）に掛けたものであるが、その心は「食うこと」は生きることの最も基本的な行為であり、苦労してその行為を為すことは、それが「楽」（心が安らかで楽しいこと）に結び付くことにある。「一生懸命」を「一食懸命」に掛け、一食を得ることの尊さを懸命に苦労することで悟る心と同じである。

そのような境地で、この連載はこれからも一食懸命になって、続く限りがんばる覚悟であるので、今後とも読者諸姉諸兄のご愛読を切望する次第である。本書の料理を担当いただいた料理家の真藤舞衣子氏と写真担当の竹内章雄氏、さらに本書出版のために尽力いただいた日経BP日経BOOKSユニットの長澤香絵氏に心から感謝するものである。

小泉武夫

2024年2月

# 目次

第2章

# 夏の食卓

第4章
# 冬の食卓

# 第1章 春の食卓

# 春ニラ
## レバーとシャキシャキ炒め

ニラ（韮）は春に収穫されるものを特に「春ニラ」として珍重する。匂いが高く、葉がやわらかで、緑色も冴《さ》え、甘みとうま味《み》が濃く、やわらかさの中にシャキシャキとした食感がある。そのためただ油で炒め、塩を振り込んだだけでも春の季節感が堪能できる。また昔から、春ニラは健康にもよいとされ、食欲の増進や消化の促進、消炎、発汗、解熱などに効果があるとされてきた。

我が輩は春ニラの時期になると「春ニラの袋焼き」をよくつくる。小口切りしたニラ（半束）を納豆（1パック）と和え、そこに味噌（小さじ半分）と削ったカツオ節（少々）、辛子（少々）、ゴマ油（少々）を加えて混ぜる。次に3枚の油揚げを半分に切って袋状に開き、調理したニラ納豆を詰め、油揚げの切り口を指で挟んで平らにし、グリルでカリッと焼いて出来上がりである。香ばしく、ニラ納豆のうま味と微《かす》かな甘みもよく、油揚げからのペナペナとしたコクは秀逸でとても美味しい。焼酎の肴《さかな》にも最適だ。

春ニラの炒めものも大好きで、すぐに頭に浮かぶのは「ニラレバ炒め」である。我が輩は肝料理が大好きで、『肝を喰《く》う』（東京堂出版）という本を刊行したほどである。

豚レバー（300グラム）を薄い塩水にしばらく浸し、手で軽くもみ洗いしてからすすぐ。そのレバーをひと口大に切り、そこにすりおろしのショウガ（1かけ）、すりおろしのニンニク（1かけ）、醤油《しょうゆ》（大さじ2）、酒（大さじ1）を加え、よく和えて20分置く。ニラ（2束）とネギ（半本）は3センチの長さに切る。

ボウルに卵（2個）を割り入れ、砂糖（小さじ1）、塩（小さじ半分）、コショウ（少々）を加えてよくときほぐす。フライパンを熱し、サラダ油（大さじ2）を入れ、調味した卵を流し入れ、粗めの炒《い》り卵をつくる。中華鍋にサラダ油（大さじ2）を入れて熱し、レバーを炒め、ニラとネギを加えてよく和え、4人分の出来上がりである。

それを器に盛り、温かいご飯のおかずにしていただくのである。先《ま》ず箸でニラレバをごそっととって、ムシャムシャと噛む。さすがは春ニラで、歯に応えてシャキシャキとし、瞬時にニラ特有の快香が鼻孔から抜けてきて、緑色を運んできたような軽快な甘みがチュルチュルと湧き出してくる。今度はレバーが歯に当たってポクポクとし、歯で潰《つぶ》されてネチャネチャとなり、最後はテレテレ、トロトロとなって、レバーならではの濃厚で奥の深いうま味と滑《ぬめ》りを伴ったクリーミーなコクがジュルジュルと流れ出てくるのであった。

こうして春ニラとレバーが口の中で混然一体となって熟《こな》れていってから、顎下にトロリンコと飲《の》み下すのである。すかさず温かいご飯を口に運んで食べると、今度はニラレバとはまったく違った純粋無垢といった感じの、優雅でやさしい白い甘みがチュルチュルと湧き出してくるのである。このコントラストの妙があるからこそ、多くの人が「ニラレバ炒めライス」の虜《とりこ》になってしまう。

我が輩は丼のご飯が半分ほどに減ったとき、決まって残りのニラレバ炒めを汁ごとぶっかける。すると今度は、飯《めし》の一粒一粒がニラレバのうま味に染められて、えもいわれぬ妙趣が味わえるのである。

# タケノコご飯
## 菜の花の味噌汁と春爛漫

店頭にタケノコ（筍）が並ぶと、我が厨房「食魔亭」では、待ってましたとばかりにそれを買ってきて、タケノコご飯をつくるのが慣例のようになっている。タケノコは季節感をよく感じさせる上に、とても美味しいからである。

タケノコは太くて短いが、ずんぐり形で切り口がしっとりとしていて、根元の表皮が淡黄色であるものを選ぶ。アク抜きであるが、我が輩は小さいときから祖母が行うのを見ていたので、その方法でやっている。

タケノコ（１本皮付き）は土を洗い、先端の方を身にかからぬ位置で斜めに切り落とし、次に身まで通さぬように注意して包丁目を２本、縦に入れる。深鍋にタケノコを入れて全体がかぶるぐらいに水を注ぎ、米ぬか（1カップ）と赤唐辛子（1本）を入れて煮る。沸騰後は1時間半ほど中火で茹《ゆ》で、金串が楽にスーと通るぐらいを茹で加減とする。そのまま冷ましてから引き上げて使う。皮付きのまま茹でるのが鉄則。

米（3カップ）は炊く1時間前にといで、ザルに上げ、水気を切っておく。タケノコご飯には通常、鶏肉は入れないものだけれど、我が輩は入れるので、胸肉のこま切れ（120グラム）を湯でさっと茹でておく。油揚げ（1枚）は油抜きしたものを千切りにする。茹でたタケノコ（200グラム）は短めの短冊切りにする。酒（大さじ2）、醤油（大さじ2）、塩（小さじ半分）をダシ汁（3・5カップ）に加え、炊飯器の釜に入れ、そこに洗い米、鶏肉、油揚げ、タケノコを加えて軽く混ぜてからスイッチオン。炊き上がったら蒸らし（大体15分）、ざっくりと混ぜ合わせて4人分の出来上がりだ。

ホッカホカのタケノコご飯を茶碗《わん》に盛り、じっくりと見ただけでピュルピュルと涎《よだれ》が出てくる。全体が深い琥珀《こはく》色に染まっていて、匂いを嗅ぐと、炊き込みご飯特有のやや甘じょっぱい香りがほんのりと立ってきて、タケノコからの微かに青っぽいような匂いもしてくる。

箸でごっそりと取り、ムシャムシャと噛んで食べ始めると、先ずタケノコがコリリ、サクリと歯に応え、深い甘みと優しいうま味が湧き出てくる。鶏肉はホコホコとしながら、濃いうま味がジュルジュルと出てきて、油揚げはフワワ、シコリとしながら、油のペナペナとしたコクがチュルチュルと出てくる。ホクホクとしたご飯からは優雅な甘みがしっとりと湧き出してくるのである。

タケノコご飯に合う味噌汁は「菜の花の味噌汁」がよい。タケノコと同じ時期に街に出てくる食材なので、春満載の季節汁だ。菜の花をよく洗ってから3センチ幅に切る。鍋にダシ汁（500cc）を沸かして菜の花（100グラム）を入れ、1分してから一旦取り出す。こうすると鮮やかな緑色になる。ダシ汁に味噌（大さじ3）を加え、溶かす。中火にして沸いたら溶き卵（1個）を入れ、ふんわりとしてきたら菜の花を戻し、ひと煮立ちして出来上がりである。

卵の黄色に菜の花の緑が美しく、それを啜《すす》りながらタケノコご飯を食べると、口の中は春爛漫《らんまん》だ。また余ったタケノコを食べやすい大きさに切り、網焼きにする。焼き目がついたら醤油、味醂《みりん》、酒を大さじ1ずつ合わせた調味液にくぐらせ、再度さっと焼いたものは酒の肴に絶品だ。

# 新ゴボウと桜エビのかき揚げ

## 野趣の匂い香ばしく

新ゴボウと干した桜エビで大好きなかき揚げをつくった。新ゴボウは晩秋から初冬に植えたものを翌年の初夏に収穫したもので、したがって5月が旬ということになる。この時期はまだ完全に育っていないため、やわらかく、一般的なゴボウに比べて風味は上品で優しい香りがする。桜エビのような高尚ともいうべき材料とともにかき揚げにするには、新ゴボウはうってつけなのである。

一方、桜エビでかき揚げをつくるのは、一般的に釜揚げの桜エビを使うのであるが、なぜ干しエビを使うのかというと、かき揚げにするとエビの香りが驚くほど高くなり、それが存分に楽しめるからである。つまり、これから我が輩がつくるかき揚げは新ゴボウが主体であり、桜エビは風雅な香りづけと思ってよい。

新ゴボウ（120グラム）はなるべく細くささがきしてから水につけてアクを抜き、水を切る。アサツキ（5本）は細かく小口切りする。卵1個と水を合わせて3分の2カップとし、それに3分の2カップの薄力粉を加えて揚げ衣とする。その衣に桜エビ12グラム、新ゴボウとアサツキを加え、全体をよく合わせる。揚げ油の温度を170度に熱し、具を菜箸でひとつかみずつ入れてカラリと揚げる。揚がったものから順次皿にとって完了。

皿に盛ったそのかき揚げの、美しいこと。細くささがきしたゴボウは扇状になって揚げられ、それが黄金色に光沢し、その合間合間に桜エビの赤とアサツキの緑が散らばっている。

それでは食べてみましょうかと、ひとつかみのかき揚げに塩をパラパラと振り、いざ口の中に。それを噛むとサクサクと歯に応え、さらに噛んでいくと鼻孔から桜エビの強く香ばしい香りと、新ゴボウからのほのかな野趣の匂いが抜けてきた。

そして衣がとろとろと溶けていくに従って、今度は中から出てきたゴボウが歯に当たり、コモリ、シャリリとし、そこからかすかな甘みがチュルルと出てきた。桜エビも歯に潰されて、そこからは濃いうま味がピュルッと出てきて、そのたびに香ばしい桜エビの香りが鼻孔から出てくるのであった。

　その全体を、揚げ油からのペナペナとしたコクとかすかな塩味が囃《はや》し立てるものだから、我が大脳味覚受容器はたちまちにして充満状態に陥るのであった。

　この新ゴボウと桜エビのかき揚げの、いまひとつの楽しみは天丼。多めにつくって余しておいたかき揚げ丼の美味しさといったら、ただごとではないのだ。

　丼に温かいご飯を七分目ほど盛り、その上にかき揚げをのせ、タレ（ダシ汁1カップに味醂大さじ3、醤油大さじ4、砂糖大さじ1を合わせて弱火の鍋で8～10分煮詰めたもの）を回しかける。サクサクとした新ゴボウの風味と、桜エビからの芳香、そしてご飯の甘みと優しいうま味を、トロリとしたタレの甘じょっぱみが包み込んで絶妙だ。お茶漬けにしても極楽、極楽。

## アサリの卵丼
### ムッチリポックリ妙味

東京に伝わる「深川めし」は酒と塩、味醂、ダシ汁などで味付けしたむき身のアサリをめしと炊き込んだもので、江戸時代からの深川近辺の郷土料理である。味付けしたアサリはめしととても合うのか、ずっと前にイタリアに行ったとき、実に美味しいリゾット風の料理を食べたことがある。

そのつくり方を教えてもらうと、アサリをニンニクやタマネギとともにバターで炒め、塩とコショウで味を付けてからコンソメと水を加え、そこにめしを入れて煮、水分がなくなったら粉チーズ、みじん切りしたパセリ、パプリカを振りかけて出来上がりという。アサリの飴色、めしの淡黄、パセリの緑、パプリカの赤がとても美しく、また美味であった。

さて我が輩は、そのアサリを使った卵丼が大好きなのでよくつくる。これは深川めしとはまったく違う俺流のレシピで、卵1個をよくほぐして塩少々を入れる。アサリ（40グラム）は薄い塩水できれいに洗い、水気を切ってからさっと湯通しし、醤油少々をかけて下味をつけておく。トマト（1個）は熱湯をかけて皮をむき、4つ切りにしたうちの1切れを角切りにする。アサツキ（1本）は小口切り、溶き卵の中にアサリ、トマト、アサツキを入れて軽く混ぜる。中華鍋に油を引き、よく熱してからアサリ卵を流し入れ、そのまま置いて、卵がブクブクとしてきたら素早くかき混ぜ、ほどよい半熟状になったら火を止める。それを丼に盛った温かいめしの上にかぶせて、1人前の出来上がり。

その「アサリの卵丼」の何と美しいことか。卵の鮮やかな黄色の中にトマトの赤とアサツキの緑が目に冴え、そこにポテポテとしたアサリの飴色の身が点々と散っている。それではいただきましょうかと、左手にズシリとして温《ぬく》もりのある丼を持ち、右手に箸を持つ。そして丼の縁に唇を触れるようにしてから、箸ですくってごっそりととり、口に入れてムシャムシャと噛んだ。すると瞬時に卵丼特有の、甘じょっぱく食欲をそそる匂いが鼻の周りに漂う。口の中では先ず卵のトロトロとした半熟体が広がり、その中をめしとアサリが舞うように踊っている。

そしてアサリが歯に当たってムッチリ、ポックリとし、そこから貝特有の奥の深いうま味と優しい甘みとがチュルチュル、トロトロと湧き出してくるのである。またのめしも歯に応え、ホクホク、ムチムチとしてから、めし特有の耽美な甘みと上品なうま味とがじゅんわりと流れ出てくるのである。そのあまりの妙味につられて、あとはもう夢中でウガウガ、ガツガツとその丼めしを貪《むさぼ》っていると、そのうちに丼は恥ずかしそうに底をさらけ出すのであった。

このような味とうま味の濃い丼めしに味噌汁は似合わないといつも思っているので、大概はさっぱりとしたほうじ茶の熱いのを脇に置いて食べている。するとアサリ丼の濃厚な美味しさに、さっぱりとしたほうじ茶は実によく合い、それこそ江戸風のいなせな粋まで味わえるのである。アサリは身もポッテリとしていて味も濃く、やや黄色みを帯びた飴色は実に食の欲をそそらせてくれる。まろやかで上品で絶品。アサリはこの時期、光沢を放って誘ってくるのである。

# サワラの粕漬け
## 重なる醸しのうま味

サワラ（鰆）はサバやカツオの一族で、体長は1メートルにも達する。体形はやや細長く、その姿を見て昔の人は「狭腰《さごし》」と呼び、今日でも関西以西ではサゴシの名で呼んでいる。魚偏に春と書くのは、春の4月ごろ、産卵のため外洋から瀬戸内海に入る。この時期がサワラ漁の最盛期で刺し網、引き縄、流し網などで捕獲する。一方、東の伊豆方面では駿河湾でとれる秋サワラを賞味するので、秋を旬とすることがある。

サワラは赤身魚だが、あっさりした上品な味で関東ではヒラメやカレイ、スズキなどの白身魚が多く手に入るせいか、関西ほど人気はない。身がやわらかく水分が多いので煮物には不向きな魚で、少し乱暴に扱うと身割れを起こしやすく、三枚におろすときは、中骨に身を多く残す「大名おろし」にする。焼く調理に向いていて、塩焼きや漬け焼き（醤油、酒、味醂を合わせた調味液に漬け込んでから焼く）や、柚庵《ゆうあん》焼き（その調味液に柚子やカボスの輪切りを入れ、漬けてから焼く）などで賞味される。

漬床《つけどこ》に漬け込んでから焼くことも多く、味噌漬けや粕《かす》漬けが知られている。我が輩は粕漬けが大好きなのでよくつくる。サワラの切り身（4切れ）に塩少々を振り、4〜5分置いて出てきた水分を拭きとり、ガーゼに包んでおく。ボウルに酒粕（180グラム）をちぎりながら入れ、酒（20cc）を少しずつ加えて粕をやわらかくする。そこに味噌（大さじ4）と味醂（大さじ2）を加えて練るようにしてよく混ぜ、漬床とする。

大きめの食品保存容器の底に漬床の一部を敷き、その上にガーゼに包んだ2切れのサワラをのせたら再び上から漬床をかぶせるように広げ、その上にガーゼに包んだ残りのサワラをのせたら、また上から漬床をかぶせる。蓋をして冷蔵庫に入れて一夜寝かせる。翌朝にサワラを取り出し、ガーゼを外して漬床を手でぬぐい去る。フライパンにサラダ油を引いて熱し、そこでサワラの両面を弱火で火が通るまで焼いて4人分の出来上がりである。

焼き上がったものを皿にとり、じっくりと眺めると、なかなか迫力がある。身の方は濃いめのキツネ色に染まり、皮は所々に、こんがりとした焦げ目が付いている。炊きたての熱いご飯を茶碗に盛り、いよいよサワラの粕漬けの焼きたてでの朝食である。

サワラの身を箸で崩し、その一片を先ず食べてみた。口に含むと瞬時にサワラが焼かれて出た香ばしい匂いと酒粕の熟した香りが鼻孔から抜けてきて、それをムシャムシャと噛むとサワラの身が歯に当たりムチリ、シコリとし、そこから濃厚なうま味がジュルジュルと出てくる。そこに酒粕からの奥の深い醸しのうま味が重なり、さらに味噌からのかすかなうまじょっぱみも加わって、実に重厚な味の粕漬けとなっていた。

ご飯茶碗に温かいご飯を盛り、その上にサワラの粕漬けの一片を載せ、それを一緒に口に含んで食べた。噛むとご飯のホクホクとした感触が歯に当たり、そこにサワラの身が加わると、今度はシコシコ、ムチムチとする。そして口の中は、ご飯から出てきた耽美《たんび》な甘みとうま味、サワラの粕漬けからの濃厚なうま味と熟した粕からの妙味などが混然一体に融合して、舌踊頬落の味がするのであった。

# 小アジの天麩羅
## 熱いのをハフハフ、ムシャ

春に釣れるアジ（鰺）のことを「産卵前《はららご》アジ」ともいうそうだ。魚は一般に産卵前は卵巣や精巣に栄養分が移ってしまうので、肉身の味はやや弱くなるといわれるが、アジの場合はその逆で、この時期のものは脂肪がのって美味だということである。

今回は小アジの話。体長10センチ以下のものを「豆アジ」と呼び、それよりも大きい10センチから20センチくらいのものを「小アジ」と呼ぶのが一般的のようである。実は先日、渋谷の自宅に近いデパートの地下の鮮魚売り場を覗《のぞ》いていると、その小アジがてんこ盛りで売られていた。一山10尾ほど盛ってあり、１７００円である。

その小アジは東京湾か、その近くの海で今朝揚がったものだろうと想像できるのは、その新鮮さである。体全体がピンと張っていて光沢があり、目は澄んでクリクリとしている。我が輩はそれを一山買って、家に戻った。久しぶりに小アジの天麩羅《てんぷら》で一杯やりたかったのである。豆アジや小アジの最もポピュラーな食べ方は唐揚げか南蛮漬けであるけれども、実は天麩羅はつくるのが実に簡単な上に、飯のおかずや酒の肴としても格好で、また多くつくったときには小アジの天丼や酢浸しなどにも回せるので重宝なのである。

先ず小アジは腹を割いて内臓を去り、ゼイゴ（腹の脇に付いているとげに似たウロコ）をそぎ落とし、頭を切り捨てる。よく洗って水気を拭きとり、下ごしらえは終了。小アジは小さいので火はよく通るから三枚におろす必要はなく、丸のまま天麩羅にした方がよい。その下ごしらえをした小アジを、天麩羅粉（200cc）と水（150cc）を混ぜた衣に浸し、180度の揚げ油で濃いめのキツネ色までカリッと揚げ、中まで火が通ったら出来上がりである。

つけ汁（天つゆ）は鍋にダシ汁（200cc）を入れ、それに醤油と味醂（各40cc）を加え、中火にかけて沸いたら味醂のアルコールを飛ばすために30秒ほど加熱する。

揚げたてのキツネ色をした小アジの天麩羅をその場で1本食べた。熱いのでハフハフしながらムシャムシャと噛むと、衣がサクサクと歯に応え、瞬時に鼻孔からアジの天麩羅特有の掠《かす》れたような匂いと、衣からの香ばしい匂いが抜けてきた。口の中では、アジの身が歯に潰されて、この魚特有の優雅なうま味と淡い甘みとがチュルチュルと湧き出してくる。揚げ衣からのペナペナとしたコクが囃し立てるものだから、この最初の立喰《たちぐ》いで我が大脳の中の味覚受容器は充満寸前に陥るのであった。

小アジの天麩羅を小皿に4～5本のせ、脇に温かいご飯と熱いワカメの吸いものを用意して夕食と決め込んだ。とはいっても、これだけ美味しい小アジの天麩羅なので、酒の肴にしない手はないと、淡麗辛口の純米酒に燗《かん》をつけて、グビーと飲んだ。胃袋近くに着くと、とたんに周辺をジュワワーンと熱くした。

そこで小アジの天麩羅1本を、大根おろしを入れた天つゆに浸してガブリと食べた。それを噛むと、口の中には小アジのうま味と衣のコク、大根のほろ苦みなどが充満し、誠にもって秀逸であった。その至福の味を追っかけるように燗酒をグビリンコ。小アジだなんて軽く思ってはならず、こうして手をかけると大アジの天麩羅に一歩もひけをとらないものになる。

## 本格タイ飯

### 頭には「目玉商品」あり

我が国には古来より「タイは大位《たいい》なり、コイは小位《こい》なり」という譬《たと》えがある。海の王者がタイ（鯛）、川魚の代表がコイ（鯉）だという語呂合わせであろうが、双方とも縁起のよい魚とされている。タイと名のつく魚は日本近海だけでも200種類を超えるという。分類上、タイ科のグループに分けてみてもマダイ属、チダイ属、クロダイ属、キダイ属、ヘダイ属などがある。

述べるのはマダイを使った本格的なタイ飯のことである。東京の市場ではタイは出世魚のごとく名を変える。体長10センチぐらいのものを「ベン」、15センチぐらいのものを「カスゴ」、それ以上で重さ1キロまでのものを「マコ」、2キロ前後のものは「中ダイ」、3キロ以上のものを「オオダイ」と呼んで区別している。従って、タイ1尾をそのまま米とともに炊き込む本格タイ飯をつくるのには、カスゴ級のものを選んで買ってくる。

米（3合）は炊く30分前に洗い、ザルに上げて水気を切る。タイ（300グラムぐらいのもの）はうろこと内臓を除いてから塩焼きにする。炊飯器に米、昆布ダシ汁（650cc）、酒（大さじ3）、醤油（小さじ1）、塩（小さじ半分）を入れてざっと混ぜ、そこに焼いたタイを1尾丸ごとのせてスイッチ・オン。炊き上がったら4人分の出来上がりである。

炊き上がった直後に蓋を開けて中を見ると、タイは飯の上にデンと横たわり、野趣満点の姿である。そのタイの身をていねいにほぐしてから飯とよく混ぜ合わせ、それをご飯茶碗に盛り、その上に三つ葉を散らしてみると誠に美しい。タイの白い身が飯の中に豊かに広がり、飯は深い黄金色に染まり、その上に緑の三つ葉が散っている。

それでは食べてみましょうかと左手にご飯茶碗、右手に箸を持って、先ず匂いを嗅いでみた。すると炊き込みご飯特有の甘じょっぱい香りがしてきて、タイの身から出てきた、かすかな潮の香りに混じって、しかし魚特有の生臭みはまったくない。

箸で飯をざっと取り食べた。するとタイの身が歯に応えてホクホクとし、そこから優雅なうま味と優しい甘みがチュルチュルと出てくる。その甘みはタイの身からのものと飯からのものとが重なって、味覚極楽の甘露のようなものであった。飯の一粒一粒はすっかりとタイの上品なうま味を吸っていて、歯に潰されてホクホク、ネチャネチャとする中から耽美なうま味と甘みがしっとりと湧き出してくるのであった。

タイの身をほぐすとき、頭の部分はそっと外して取り出しておいた。タイ飯を賞味するときの、もう一つの楽しみは、そのタイの頭をじっくりと味わうことである。カスゴ級のタイであるので、頭はやや小さいのであるけれど、これを独り占めしてじっくりと楽しむのはことのほか嬉しいことである。

切り口の首の根のところや頬の周辺に付いている肉身をほじくり出して食べ、次に心ときめかせて目玉の周りのプヨプヨとしたところをほじくり出し、ゼラチン質のトロトロとした部分や、脂肪のペナペナとしたところを箸でごっそりと取って口に運ぶのである。すると口の中には絶妙なコク味と耽美な甘みとがジュワワーンと広がっていって、やはりここはタイの目玉商品なのだと思うのである。

# 麗しのグリーンピース

## 卵とじは向日葵畑

グリーンピースはマメ科植物のエンドウ（豌豆）の未熟種子を食用としたものである。品種は使う目的によって異なり、豆そのものを採る「実取り用品種」、水煮して缶詰に使う「缶詰用品種」、そして鞘《さや》付きのサヤエンドウを採る「野菜用品種」の3種がある。山桜の花が散り、山吹の黄色が眩《まぶ》しくなり、緑の若菜が萌《も》えるころエンドウの緑が顔を出す。ここに郭公《かっこう》の鳴き声と花菖蒲《はなしょうぶ》とくれば、もう初夏の雰囲気である。爽やかな緑をまとい、食卓に初夏を運んでくるのがこの豆である。

春となると、我が輩はグリーンピースを炊き込んだ豆ご飯がとても懐かしくなる。薄く塩味をきかせて炊いた真っ白いご飯のあちこちに、緑の小さい玉を覗き見るさまはいかにも爽やかで、やはりグリーンピースは初夏の風物である。その豆ご飯のときには、加えるグリーンピースの量は米の重量の半分を限度とし、水加減は増やす必要はなく通常にする。豆は初めから炊き込まず、緑色を鮮やかに仕上げるために、先に塩茹でしておいたものを、ご飯が吹き始めてから入れた方がよい。

洋風の肉料理の付け合わせで使うこともあるが、我が厨房「食魔亭」ではさまざまな料理で楽しんでいる。最も簡単なものはバター炒めで、ビールのつまみに重宝である。２００グラムのサヤエンドウ（鞘のない豆部分は約90グラム）を鞘から出し、鍋に湯を沸かして煮立ったら適量の塩を入れ、豆がやわらかくなるまで茹で、湯を切る。フライパンにバター（大さじ1）を溶かし、茹でたグリーンピースを入れてさっと炒め、好みの量で塩、コショウをして味を調え出来上がりである。

小皿に盛り、先ず数粒を食べてみる。噛むとポクリポクリといった歯応えの中からサラサラとした実が出てきて、爽やかで微かな甘みとやや濃いうま味がしてきて、それをバターのペナペナとしたコクが包み込んで、新ものグリーンピースの初夏らしい青っぽい野の匂いと、バターの乳酪香とが混じり合って鼻孔から抜けてくる。

我が輩が大好きなのはグリーンピースの卵とじである。200グラムのグリーンピースを3〜4分間、湯煮し、茹で上がったらザルにとって湯を切る。鍋にダシ汁（カップ半分）を入れ、味醂（大さじ1）、酒（大さじ1）、醤油（大さじ半分）、塩少々を加えて火にかける。煮立ったらグリーンピースと溶きほぐした卵（8個分）を流し入れ、木べらでささっとかき混ぜながら卵がふわふわと半固形状になったら火を止め、蓋をして少し蒸らして出来上がりである。

卵とじを器に盛ってよく見ると、素朴でシンプルな美しさがあった。ふわふわとした卵の黄色の中に点々と散る緑色のグリーンピース。向日葵畑《ひまわり》のようである。スプーンでごっそりとすくい取って食べた。

口の中にはふわわわ、とろりとしながら、卵からの優雅で上品なうま味がジュルジュルと湧き出してくる。静かに噛んでいくと、グリーンピースからのホコホコした感覚の中から微かな甘みがじゅんわりと湧き出してくるのであった。その卵とじを温かいご飯にドロリとかけて食うと、舌に100万馬力がかかったように、あっという間にご飯茶碗は底をさらけ出すのである。

## 新ゴボウ
ナスとともに柳川もどき

一般的なゴボウ（牛蒡）は晩秋から冬にかけて収穫する大ぶりのものだが、新ゴボウは大きく育てず、秋に植えたものをある程度育った初夏に収穫した若採りのゴボウである。

新ゴボウの特徴は繊維のやわらかさと、特有の土の匂いがあり、瑞々《みずみず》しさにはち切れているところにある。とりわけ土の匂いに野趣を味わえるので、買うときはなるべく土付きの黒っぽいものを選び、料理の下ごしらえは束子《たわし》で軽くこすって泥を落とす程度にするのがよい。ゴボウは表皮に香味と歯応えのある繊維が集中しているので、我が輩は決して皮をむかずに使っている。

ただ皮の部分にアクを強く宿しているので、アク抜きはしっかりと行う。細く切ったものが空気に触れると、直《す》ぐに茶色に変色するので、なるべく水につけてさらす。また長くさらすとせっかくの成分が流出してしまうので、せいぜい2分である。

新ゴボウは我が厨房「食魔亭」でさまざまな料理に使っている。一番多くつくるのは定番のきんぴらゴボウで、ご飯のおかずにすると、何杯もの茶碗の飯が胃袋にすっ飛んで入っていってしまう。またゴボウの天麩羅も何よりの好物で、ゴボウの天丼や、汁蕎麦の上にのせて嬉しく賞味し、ゴボウの炊き込みご飯や五目ずしにも使っている。

さて初夏から盛夏といえばドジョウ（泥鰌）がある。ドジョウ料理にはゴボウが不可欠であるものの「柳川鍋でもつくって暑気払いに一杯飲《や》るか」というわけにはいかないのがドジョウの入手である。ところが江戸時代の料理の中にナス（茄子）をドジョウに見立てた「柳川もどき」という風変わりなものがあり、ぜひ食べてみたいと思っていたので、先日新ゴボウを使ってつくってみた。

ゴボウ（2本）は泥を洗い落とし、細めで長いささがきにし、アクを抜いた。ナス（4個）は縦2つ切りにしたものを3ミリぐらいに薄切りし、水に入れてアクを抜いた。1人分用の柳川鍋あるいは平鍋4つに1人分ずつのゴボウとナスを混ぜて入れ、煮出し汁（大さじ3のダシ汁に酒大さじ3、醤油大さじ2、砂糖大さじ2を加えたもの）を入れて煮る。ゴボウとナスが煮上がったら、卵（4個）を1個ずつ割りほぐして鍋の上から回しかけ、半熟状にしてから粉山椒《ざんしょう》を振り込んで4人分の出来上がりである。

柳川もどきは確かにドジョウの柳川鍋に似ていた。半熟の卵の下には、ドジョウに見立てたナスがゴボウに囲まれてうっすらと見える。箸をつけてゴボウとナスを取り皿にとり、口に運んでムシャムシャと噛んだ。瞬時に卵とじのうまじょっぱい匂いと、ゴボウからの土のような野生の匂い、山椒の快香が鼻孔から抜けてきて、ここでもう本物の柳川鍋の雰囲気を感じさせてくれた。

口の中では、半熟卵のトロリとした舌ざわりと、ゴボウのシャキリコキリ、ナスのフワワ、ポテテとした歯応えがして、ゴボウの野趣あふれる香味と、ナスからの素朴で穏やかな風味がジュルジュル、チュルチュルと湧き出してきた。半熟卵の滑るような滋味がトロリと包み込んで、実に美味しい。本物の柳川鍋に比べると幾分異なるところもあるが、ドジョウを苦手とする人にはいつでも気軽に楽しめる料理である。

# グリーンアスパラのあんかけ

## トロトロ畑に咲く

アスパラガスには白と緑の色がある。若茎を軟白化するために土をかぶせて成長させるとホワイトアスパラガスになり、軟白させずに栽培するのがグリーンアスパラガスである。ホワイトは缶詰や瓶詰にされて、主にサラダなどに使うが、グリーンはサラダやお浸《ひた》し、天麩羅などにする。

アスパラガスは今ではいつもどこの店頭でも束で括《くく》られて売っている。我が輩は思いついたとき、時期を問わずにアスパラガス料理を楽しむが、そのひとつに「グリーンアスパラのカニあんかけ」がある。これが実に美味しいので、癒やし料理としてつくられてはいかが。

グリーンアスパラ（300グラム）は根元を2センチほど切り落とし、長さ3センチくらいに切ってから下茹でする。フライパンに敷いたサラダ油（大さじ2）でさっと炒め、白磁の大皿に盛っておく。長ネギ（半本）およびショウガ（1かけ）をみじんに切ってからサラダ油（大さじ2）で炒め、そこにカニの身（ほぐし身の缶詰1缶分）をよくほぐして加え、さらに炒める。このとき缶詰に残ったカニ汁は捨てずにとっておく。

炒め上がったら、カニ汁、ダシ汁（200ミリリットル）と酒（大さじ1）を加え、煮立ったら塩加減を調え、水溶き片栗粉（大さじ3の水で大さじ1の片栗粉を溶く）を加えてとろみをつける。それを大皿に盛ったグリーンアスパラの上面に広くドロリとかけ、最後に茹で卵カッターで小間切れにした茹で卵（1個）を散らして出来上がりである。

白磁の大皿に盛られたその料理は、目が冴えるほど美しい。白磁を土台にして色鮮やかなグリーンアスパラガスが横たわっていて、その上を赤と白のカニの身がトロリ、ドロリとしながら点々とかぶさっていて、そこに茹で卵の黄と純白が散る。それはまるでアスパラガスの畑の中に紅白の花が咲き乱れ、それを茹で卵の太陽がやわらかく照らしているかのように見える。

早速いただくことにして、大きめのスプーンでごそっとすくって皿に取り、口に運んで噛んだ。すると先《ま》ずアスパラガスがコロコロとしながらホクリ、ポクリと歯に応え、優しく気品のあるうま味と耽美な甘みがチュルチュルと湧き出るのであった。さらに噛んでいくと、トロトロ、テレテレとしたあんかけが口中で滑り回っていることに気付き、そこからカニの甘みとうま味とがジュワワーンと広がってくるのであった。

そうこうしているうちに、茹で卵からのクリーミーな感じのコクや、炒め油からのペナペナとしたコクがそれらのうま味を包み込んで、あんかけの真味を十分に味わえた。

せっかく美味しいアスパラガスのあんかけが出来たので、次は丼飯にぶっかけて「アスパラガス丼」にすることにした。中華用の丼に温かい飯を7分目ほど盛り、あんをドロリ、トロリと掛け、散蓮華《ちりれんげ》（中華さじ）でざっとかき混ぜてから、ごそっとすくって食べた。

すると口の中では、飯とアスパラガスがトロトロとしたあんに囲まれながら右往左往に揉まれていたが、次第に歯に潰されて、カニと飯からの甘みやうま味、コクなどがジワワーンと湧き出てくるのであった。気が付くと、丼は恥ずかしそうに底をさらけ出しているのであった。

# 新じゃがいも

## 姉のポテサラ　少年時代へ

普通のじゃがいもの食べごろは10月から11月ごろであるが、新じゃがいもは冬季に植え付け3月から6月を目安に収穫される。そのため初夏の5月から6月ごろが旬といわれる。ただし北海道では雪が解けた春に植え付けて秋に収穫するので、収穫時期だけで新じゃがと呼ぶのには注意を要する。

我が輩が子供のころは6月ごろに採れる新じゃがいもで、杏《あんず》の実ぐらいの小さなものを、ざっと洗って皮付きのまま茹で、冷めないうちに皮をむいてから塩を振ったりマーガリンをつけたりして食べた思い出がある。そのときの新じゃがいもの、まだ土の匂いが残った瑞々しさは今も記憶に残っている。

また、その小さな新じゃがいもを使った味噌炒めの味は、これも鮮明に覚えている。新じゃがいもをよく洗ってから皮付きのまま茹で、フライパンにゴマ油を引いてからそのいもをコロコロと焼き転がし、全体に油が絡まったら味噌と砂糖と酒を加えて甘じょっぱく味付けし、仕上げに胡麻油をいま少し回しかけて出来上がりであった。味噌と油と砂糖の相性のよさに、ポクポクとしたじゃがいもの甘みとサラサラとしたコクが合って、美味しいものだった。

新じゃがいもが出るのを待って、姉はポテトサラダをつくるのが得意であった。とても美味しかったので後日、つくり方を教えてもらった。このサラダには小粒でなく、大きく育った新じゃがいも（4個）をよく洗ってから皮付きのまま茹で、竹串を刺してスッと通るぐらいになったら鍋から取り出して皮をむく。熱いうちにそのいもをボウルに入れ、木べらを使ってやや固形感が残るぐらいに潰す。別にタマネギ（半個）を縦に薄く切り、ニンジン（半本）はいちょう切りしてから硬めに茹で、キュウリ（半本）は2～3ミリほどの厚さで輪切りにしておく。魚肉ソーセージ（半本）は縦4つ割りにしてから3ミリぐらいの厚さに切り分け、茹で卵（2個）は粗みじん切りにする。

潰したポテトにタマネギ、ニンジン、キュウリ、魚肉ソーセージ、茹で卵を加え、マヨネーズ（大さじ10）を加えてよく和える。塩とコショウで味を調え、4人分の出来上がり。器に盛ってよく見ると、実に美しい。全体が茹で卵の黄身とマヨネーズに染められて明るい黄色となり、淡黄色のポテト、ニンジンの赤、キュウリの緑、魚肉ソーセージの淡いピンク色などが交じり合っている。

取り皿にとって食べた。噛むとじゃがいものペトリ、マヨネーズと茹で卵のヌッタリ、魚肉ソーセージのポクリ、タマネギとキュウリからのシャキリなどが歯に応え、マヨネーズと茹で卵のねっとりとしたコクのあるうま味、じゃがいもからのホコホコとした甘み、タマネギからの微かな辛みなどが口中に広まっていく。全体がどことなく西洋的で、しかしよく味わってみると日本的な懐かしさと情緒も宿る嬉しいサラダである。

今のポテトサラダにはハムを加えることが大半だけれど、我が輩は姉に教えられたつくり方を忠実に守っているので魚肉ソーセージにしている。そうすると何となく田舎的で、とたんに少年時代にタイムスリップしていくのである。このポテトサラダには、どんな酒が合うのかと試してみたことがある。白ワインと焼酎であった。

# 無敵の粕漬け

## 遠火の弱火でプリリ

我が輩は小さいときから毎日のように酒粕の漬物を食べていたので、今になっても粕漬けは大好物である。だから我が厨房「食魔亭」には常に酒粕が備えてあり、いつでも漬け込める態勢になっている。そして、昔から実家で酒造業の小泉家に伝えられてきた粕床黄金比で、楽に美味しく漬け込んでいる。

その黄金比とは酒粕1キログラム、味噌１８０グラム、砂糖１５０グラム、塩10グラム、味醂50ミリリットル、水50ミリリットル、酒30ミリリットルの配合割合である。

これらをよく混ぜ合わせ、例えば魚や肉をこの漬け床に漬けると、もう4時間後には掘り出して焼いて食べることができる。また掘り出したものは、ラップに包んで冷蔵庫に入れておくと5日間ぐらいは持つので重宝だ。

我が輩がよく漬ける糧は魚だとタラ、サワラ、キンメ、マダイ、サケ、ブリ、カジキなど。肉だと鶏のモモ肉、牛のモモ肉、豚のモモ肉である。実はつい最近久しぶりにブリの身を漬け込んで、それを焼いて食べたところ、本当に頬《ほ》っぺたが落ちてしまうのではなかろうかと心配したほど美味しかった。

粕漬けは焼くときが一番肝心で、神経をとがらせて油断せずに行うことが大切である。それには決して強火は禁物で、遠火の弱火でじっくり焼くことが鉄則だ。

こうして焼いたそのときの、ブリの切り身の眩しかったことか。表面全体がこんがりと焼かれてキツネ色になり、皮の下の脂肪の辺りはやや透明にしっとりと潤い、皮は黒々としていてパリパリ感がある。そのブリの身の一部を箸でむしり取り、口に入れて噛んだ。

すると瞬時に、酒粕の芳醇《ほうじゅん》な香りと焼かれてできた香ばしい匂いが鼻孔から抜けてきて、口の中ではブリが歯に応えてシコリ、プリリとした。そこからブリ特有の濃厚なうま味と、酒粕からの甘ずっぱいうま味、ブリの脂肪からのペナペナとしたコクなどが出てきて、本当に頬っぺた落としのうま味であった。

牛肉を漬けるときは、デパートやスーパーなどで売られている網焼き用の比較的安値なモモ肉で行う。粕に漬けると硬いモモ肉でもやわらかくなるばかりか、非常にうま味が増して、とたんに上等肉に大出世するからやらぬ手はないのである。

この牛肉の場合は、4時間の漬け込み時間では不足なので、一夜置いておけば美味しく食べられるし、漬け上がったものをラップに包んで冷蔵庫に保存すれば5日は持つ。

我が輩はこのように魚や肉を漬け込むことが多いが、いろいろと研究してみたところ、漬けることでさまざまな材料が実に美味しい粕漬けに仕上がることを知った。

先ずその筆頭は、ウインナーソーセージの粕漬けである。これは漬けてから焼き上げると、それまでのソーセージとはまったく違う破格の大出世をするからやってみるとよい。

以下、我が輩は次なる材料を粕漬けにして大いに楽しんでいる。スルメ、厚切りベーコン、硬質チーズ、押して水分を抜いて硬くした豆腐、生ホタテなどで、漬ける前と漬けた後とでは、まったく別物の料理になってしまう。

とにかく粕の力の偉大さに、あらためて驚かされている我が輩だ。

# トロロ汁
## ネバネバーダ豆腐に熱燗妙味

スーパーマーケットの野菜売り場に行ってヤマノイモ（山芋）のところを覗くと、先ずナガイモ（長薯）が目につく。野球のバットのような細長い形をしていて、あちこちにひげ根が生えている。そのナガイモの隣を見ると、今度は長くはなくイチョウの葉のような形をして、ゴツゴツとした感じの芋がある。これはイチョウイモ（銀杏芋）で、ナガイモより粘りがあり、ダシ汁や生卵で割ってトロロ汁にしたりする。

さらに店によっては、握り拳のような、あるいは石のような形をした芋があり、これはヤマトイモ（大和薯）である。3種の山芋の中では、このヤマトイモが最も粘りが強いが栽培はなかなか難しく、稀少《きしょう》なために高級料理や「かるかん」のような万頭《まんじゅう》に使われる。

さて、我が輩はご飯にトロロ汁をかけたり、マグロにかぶせたりするのが大好きなので、我が厨房にヤマノイモを欠かしたことはほとんどない。細切りにしてジャコやオクラ、ミョウガなどと和えるときはナガイモを、トロロ汁にするときはイチョウイモを使うことにしている。実は昨夜もトロロ汁をつくり、酒と飯をそれでいただいた。

先ず鍋にダシ汁（2カップ）と醤油（大さじ2）、塩（小さじ4分の1）を合わせて一煮立ちさせてから冷ましておく。イチョウイモ（300グラム）は皮をむいてから、目の細かいおろし金ですり鉢にすりおろし、さらにすりこぎ棒でふんわりするまですってから、冷ましておいたダシ汁を加えて全体がなめらかになるまですりのばす。これでトロロ汁の出来上がりである。

そして昨夜の夕餉《ゆうげ》には、このトロロ汁を使って2種の酒の肴をつくった。一品はご存じ「マグロの山かけ」である。マグロの赤身の刺し身一冊をひと口大の角切りにし、ボウルに入れて醤油をかけ、ラップをして冷蔵庫で10分間漬けておく。そのマグロを器に盛ってトロロ汁をかけ、焼きのりを揉んで上にかける。二品目は我が輩のオリジナル料理の「ネバネバーダ豆腐」である。納豆（1パック）を丼に入れ、そこに生卵（1個）を割り入れ、さらにトロロ汁（半カップ）を加え、茹でたオクラ（2本をみじん切りにする）も加えてからよく掻《か》き混ぜると、ネバネバトロトロとなる。これを豆腐にドロリとかけたものである。

酒は辛口を選び、やや熱めの燗をしていただいた。「マグロの山かけ」を箸でよく混ぜ、トロリとトロロ汁のかかったマグロの角切りを口に入れて噛むと、滑ってなかなか歯応えのない中、マグロは徐々に崩れていって、トロロ汁の甘みとうま味が包み込んで絶妙であった。そこで熱燗をコピリンコと飲《や》ると、口の中は一変して美禄《びろく》の香味に置き換わる。

ネバネバーダ豆腐は名の通りトロトロネバネバなので箸では食べづらい。そこでスプーンを使ってザクッとすくい上げ、口に入れて食べた。すると口の中では、トロロ汁の微かな甘み、納豆の濃厚なうま味、生卵のコク、オクラの青みなどが交錯しながらそれぞれ自己を主張し、それを納豆がなだめるように包み込んで、異才な妙味を味わうことができた。最後の〆《しめ》の「トロロご飯」は、あっという間に我が胃袋に超特急「のぞみ号」となって滑って入って行ってしまった。

# 新キャベツとトンカツ
## 緑の快香に肉の妙味

秋に種をまき、初春から初夏にかけて収穫するのが秋まき春どりの「春玉キャベツ」で、新キャベツとも呼ばれている。葉肉は厚いがやわらかく、シャリッとした快い歯触りがあり、また甘みや淡い新緑の香りもあって快い。そのため生食にはもってこいのキャベツで、塩を振ったりマヨネーズで食べたりする。

キャベツの生食といえば、反射的に思い浮かべるのがトンカツである。一体この両者の関係はいつ、どこから来たのであろうか。それには諸説紛々あって、肉と油の多いトンカツの消化吸収にキャベツの成分が効くからという説。あるいはキャベツに多く含まれる食物繊維には油の吸収を抑える役割があり、ダイエットに効果があるからだ、というものもある。

一方、明治28年創業の東京銀座の有名洋食店「煉瓦亭《れんがてい》」が、ポークカツレツに千切りキャベツを付け合わせたのが最初で、食べやすくなるばかりでなくソースとよく馴染《なじ》み、トンカツに合うとして始めた、というものもある。

そんなキャベツとトンカツの関係を考えていたら、急に食べたくなったので我が輩もつくって賞味することにした。春玉キャベツ1個を買ってきて千切りにし、水に放してパリッとしてから水気を切った。次にトンカツ4人分を揚げた。豚ロース肉切り身（1枚130グラム程度を4枚）を包丁の先で筋切りをし、両面に軽く塩、コショウをする。水気を拭いてから小麦粉、溶き卵、パン粉の順に衣を付け、170度の油で2枚揚げ、浮いてきたら火を弱めて裏返し、時々返しながら全体がキツネ色になったら最後は火を強めてカラリとさせ、油から引き出す。残りの2枚も同様に揚げて出来上がり。

トンカツは食べやすく切ってから大きめの平皿にのせ、その脇に千切りしておいたキャベツを山のように盛り付けて終了。ソースは市販のトンカツソースを使って食べた。

先ずトンカツの一切れを口に入れてムシャムシャと噛んだ。衣がカリリ、サクリと歯に応え、瞬時に鼻孔から焦げた衣の香ばしい匂いと、ソースの香辛料からの快香が抜けてきた。

口の中には、肉のムチリ、シコリとした歯応えの奥から、濃厚なうま味がジュルジュルと流れ出してきて、脂身と揚げ油からはペナペナとしたコクがジュワワーンと湧き出してきて、それらをソースの甘辛酸味が包み込んで絶妙の味がした。

そして、千切りキャベツにもソースをトロトロとかけ、箸でゴソッととって食べた。噛むとさすがに春玉キャベツだけあって、シャリリ、シャリリと歯に応え、鼻孔からはキャベツの淡い緑の香りとソースの快香とが抜けてきた。口の中にはキャベツの軽快で優しい甘みが広がり、それをソースのスパイシーな味が包み込んで秀逸だった。

次にソースをかけたトンカツとキャベツを同時に食べてみた。すると口の中では衣からのカリリ、サクリ、肉からのムチリ、シコリ、キャベツからのシャリリとした歯応えが続き、そのうちに全てが歯に潰されてモコリ、ペトリとし、そこからうま味、甘み、コク、酸味、辛みなどが一寸の隙間もないほど溶け合って妙絶であった。やはりキャベツとトンカツは互いに相性がよろしいのである。

# ハマグリのかき揚げ
## 歯応えサクリ、貝シコリ

ハマグリ（蛤）の旬は産地によって異なるが、身に栄養を貯える春先の2月から4月といわれ、この時期が最も美味しいとされている。そのためかこのころから、街の魚売り場には殻付きのままやむき身のハマグリが店頭でよく見られる。実は先日、近くのデパートの地下食品売り場の鮮魚コーナーを散策していたら、むき身のハマグリが２００グラム単位で小分けされ、パックで売られていた。

身は小粒で数えてみると15粒入っていて、店の大将に聞いてみると三重県産で、生冷凍（急速冷凍）で来たものを解凍したばかりだという。これ位の大きさのハマグリはどんな料理に向くのかも聞いてみると、フライ、天麩羅、ハマグリ鍋、煮物、潮汁《うしお》、酒蒸しあたりによいと教えてくれた。我が輩は嬉しくなってそのハマグリを2パック買った。

我が家に着く前に、もう料理法は心の中で決めていた。それは「ハマグリのかき揚げ」をつくって、酒の肴にしたり、飯のおかずにしようと考えていたのである。早速4人分をつくった。ハマグリ400グラムをざっと洗って水を切り、それを一個一個縦細に切り分ける。タマネギ（半個）は薄切りのスライスに、ニンジン（半本）は短冊切り、ゴボウ（半本）は笹がきにして水にさらしてアクを抜く。三つ葉（4分の1束）は根を切り落とし、3センチの長さに切る。

ボウルに具のハマグリ、タマネギ、ゴボウ、ニンジン、三つ葉を入れ、小麦粉（大さじ2）を加えて軽く和えておく。次に衣をつくる。小さめのボウルに小麦粉（1カップ）と割りほぐした生卵（1個）を入れ、そこにダシ汁（1・5カップ）を少しずつ和えながら溶き加えていく。

鍋に揚げ油を入れ、170度に熱する。具を10等分ぐらいに小分けしてから、その分けた具を衣に加えて軽く混ぜ、それを揚げ油にそっと落として、衣が固まったら一度裏返す。カリッと揚がったら取り出し、油をしっかりと切って器に盛る。

そのかき揚げのなんと美しいことか、具を包む黄金の衣にニンジンの赤が冴え、三つ葉の緑も転々と散らばっている。ハマグリの身は少し黄を帯びた白で、タマネギは透明そのもので透けて見える。

ではいただきましょうかと、その掻き揚げ1個を取り皿にのせ、それに天然塩をパラパラと撒《ま》き、口に含んで食べた。噛むと衣が歯に応えてパリリ、サクリとし、次にハマグリがシコリ、コキリとして、そこから貝特有の奥の深いうま味と甘みがジュルジュルと出てきて、タマネギはホフリ、フワワとしてそこから優しい甘みがチュルチュルと出てきた。さらに揚げ油からのペナペナとしたコクも加わり、それら全体を軽快な塩味が囃し立てて秀逸であった。

塩でさっぱりとしたうま味を堪能してから、天つゆ（ダシ汁100ccに大さじ3の味醂と醤油、大さじ1の砂糖を加え、煮てアルコールを飛ばしたもの）でも味わってみた。すると今度は、かき揚げ全体のうま味がしっかりとひと塊《かたまり》になったように感じ、ハマグリのうま味は天つゆでの方がじゅんわりと引き出されるように思った。こうして気が付くと、随分とハマグリのかき揚げをつくり過ぎたので、翌日も翌々日も「かき揚げ丼」や「かき揚げうどん」などで楽しんだ。

## 新ジャガコロッケ
### 白ワインと合う香ばしさ

新ジャガというのは、冬期に植えつけたものが春先から初夏（3〜6月ごろ）にかけて収穫されるものである。一方では、春植えたものが秋に収穫されるものの方が多いので、ジャガイモは秋の味覚というイメージが強いのである。つまり新ジャガは今の時期のものをいうのである。

その新ジャガが出回ったので、早速ピッカピカのイモで大好きなコロッケをつくりましょうと、我が輩は厨房「食魔亭」で悦に入った。実はコロッケをつくるときに必ず使うタマネギも、今がちょうど新タマネギの時期。こちらもピッカピカなのである。

新ジャガイモ（4個、約600グラム）は皮付きのまま茹でて直ぐに皮をむき、粘りを出さないように熱いうちにすり鉢に入れてすりこぎ棒で突きつぶす。新タマネギ1個はみじん切りにし、バター（大さじ1）で炒めてしんなりとさせ、そこに豚ひき肉（150グラム）を加えてさらに炒め、塩（小さじ半分）、コショウ少々で味を調え、そこへ溶き卵（半個）、塩（小さじ半分）、コショウ少々を加えて混ぜ、6個の小判形にまとめる。それにパン衣（溶き卵1個、小麦粉とパン粉各適量）をつけ、高温の油で揚げて油を切る。

付け合わせは新キャベツの千切りとトマトの櫛《くし》形切り。ソースは俺流のをつくっている。ウスターソース（大さじ6）、トマトケチャップ（大さじ4）、醤油（大さじ2）、マヨネーズ（大さじ2）、酒（大さじ2）、味醂（大さじ2）、市販焼き肉のタレ（大さじ1）。なお、このソースはトンカツにも非常によく合う。

出来たてのコロッケと付け合わせを白磁の大皿に盛ると、その美しさは絶景である。コロッケの黄金色とそれを取り巻く付け合わせのキャベツの淡黄色にトマトの真紅。それでは先ずコロッケを食べてみましょうかと、取り皿に1個のせ、それに特製ソースをドロリとかけて、箸でひと口大に切り分けて口に入れて噛んだ。すると瞬時に、焼かれたバターとパン粉の香ばしい匂いが微かに鼻孔から抜けてきて、そこに今度はソースの香辛料の快香が追いかけてきた。

口の中では、揚げ衣が歯に応えてサクリ、サクリとし、そこからジャガイモのトロリとした甘み、豚肉のシコリ、コリリの中から奥の深いうま味、タマネギからの切れのいい甘みなどがジュルジュル、チュルチュルと湧き出してきた。そこにソースのパンチの効いた濃いうま味や軽快な辛みや酸味が絡みついてきて、その全体を揚げ油やバターからのペナペナとしたコクが取り仕切って、絶妙なコロッケであった。

これはいけるぞと、ご飯は後にして手頃の白ワインを出してきて、それをワイングラスになみなみと注ぎ、先ぐさまグビーッと飲んで口の中をさっぱりとさせ、再びコロッケを食べた。そして、コロッケって白ワインに合うなあ、なんて思いながら楽しんでいたら、コロッケ3個はあっという間に胃袋めがけて超特急になってしまった。

## 豚肉の南蛮漬け

### コクと酸味、美味千万

南蛮漬けといえば、多くは豆アジ（小アジ）や豆サバ（小サバ）、ワカサギ等の魚を使うのであるが、実は肉、とりわけ豚肉を使ったそれは誠に美味しいのである。だから我が厨房「食魔亭」ではよく酒の肴につくって重宝している。

豚肉は肩ロースの薄切りを使い、それを300グラムほど用意。その肉を1枚ずつ広げ、両面に片栗粉をまぶし、余分の粉ははたいて落とす。付け合わせの青葉にはセリ（半束）を使い、彩りの香辛野菜にはムラサキタマネギ（1個）を用いると見た目がきれい。セリは葉と茎を付けたまま食べやすい長さに切り、ムラサキタマネギは縦2つに割ってからそれを薄切りに。掛け汁はダシ汁カップ1、醤油大さじ3、酢大さじ4（酢の代わりにレモン汁でもよい）、砂糖大さじ3、種を抜いた赤唐辛子（小口切り）1本を混ぜ合わせる。

フライパンに揚げ油（カップ1）を入れ、170度くらいに熱してから豚肉を加え、両面ともカリッとなるまで（大体1分30秒から1分45秒）揚げ焼きする。とても美しいキツネ色になる。深めのガラス製容器に掛け汁を入れ、そこにセリとムラサキタマネギを加え、食べやすく切った豚肉を入れて、全体をあえるように優しく混ぜ合わせる。

その出来上がりは、実に美しい。豚肉の黄金系キツネ色に鮮やかなセリの緑、そこに点々と散らばるタマネギの紫と唐辛子の赤。それでは早速いただきましょうと、取り皿にごっそりととって、先ず豚肉を食べた。衣が歯や舌に当たってカリリ、フワワとし、中から肉が出てきて歯に潰されてシコリ、コキリと応え、豚肉の濃厚なうま味がジュルジュルと出てきた。それを脂身と揚げ油のペナペナとしたコクが包み込み、全体をダシのうま味や酢の酸味、タマネギの甘みと辛み、赤唐辛子のピリ辛などが群れになって囃し立て、誠に美味千万の境地を味わえた。

小魚の南蛮漬けと豚肉との大きな違いは歯応え。小魚は頭や骨、皮などがあるのでややゴツゴツとした感じだけれど豚肉はカリリ、フワワ、シコリ、コキリ。味は、小魚には内臓などがあるので複雑なうま味が湧き出すのに対し、豚肉は濃いうま味と脂身からのコクが流れ出る。双方とも甲乙付けがたいよさがある。

この豚肉の南蛮漬けには赤ワインがよいだろうと、山梨県産マスカットベリーA種で、味わいはミディアムボディータイプを選んだ。グラスに注ぐと、ワインレッドの光沢が美しい。口に含んでいきなりコピリンコした。すると瞬時に口の中には快い酸味と渋み、アルコールの辛みが広がったが、一転して南蛮漬けの余韻はどっかに行ってしまった。

再び気を戻して豚肉の南蛮漬けをじっくりと味わい、その趣を頭に残しながら赤ワインを飲んだ。今度は、南蛮漬けの香味とワインとのそれとがピタリと重層し、この酒肴《しゅこう》は見事に融合した。急がず焦らず、じっくりと味わうことこそ真味を知るに通じることを悟った。

# マグロキムチ丼

## 辛さと甘みの絶妙極楽

キムチはすばらしい発酵食品である。韓国では白菜などの材料が採れなくなる冬場に備え、家族総出でキムチを大量に漬ける国民的行事を「キムジャン」と称し、晩秋の風物詩となっている。韓国がキムジャン文化をユネスコの無形文化遺産に提案したところ、２０１３年に登録された。「韓国人の日常生活で世代を継いで伝えられてきたキムジャンは、韓国人に隣人との分け合いの精神を実践させ、連帯感や所属感を深めてきた」としている。

キムチは今では日本でも大いに食べられていて、国民が1年間に消費する漬物のトップである。発酵仮面を自称する我が輩もキムチは大好物で、特に秋から冬季によく食べる。我が厨房「食魔亭」での人気メニューは「キムチマグロトロトロ丼」で、これが実に美味い。

マグロの刺し身（赤身）450グラムは薄めのそぎ切りにし、醤油大さじ4、みりん小さじ1に漬けておく。白菜キムチ（250グラム）は軽く絞って汁気を落とし、食べやすい大きさに切る。青ジソ（10枚）は軸を除いて千切りにし、長芋（350グラム）は皮をむいてからすりおろす。

全体にかけるタレは醤油ベースで、醤油大さじ4、ゴマ油小さじ3、おろしニンニク（1かけ）、おろしショウガ（2かけ）を混ぜ合わせたものである。具は大人5人前と考えてよい。丼に炊きたてのご飯を七分目ほど盛り、漬けマグロ、長芋、キムチの順に5分の1ずつ盛り、タレを適量かけ、青ジソを撒いて出来上がりである。

左手にズシリと重い丼を持ち、右手に箸を持っていよいよ食べる。ざっとひと混ぜしてから丼の端に唇を付けると、あとはガツガツ、ンガンガと貪るのである。口の中に入ってきた飯や具は、トロトロとしながら歯に潰されてますますトロトロ、テレテレとなり、それをよく味わうと、キョロリとするマグロから濃厚なうま味がチュルチュルと出てきて、キムチからは白菜のシコシコ感の中から軽快な辛さと爽やかな酸味などが湧き出してきて、長イモのトロリ、トロリからは優しい甘みがチュルチュルと出てきて、その全体を飯の耽美な甘味が包み込んで、絶妙の味覚極楽と出合えるのである。

食べている間、鼻孔からはシソの清々《すがすが》しい香り、ニンニクやショウガからの食欲を奮い立てる快香、ゴマ油からの香ばしい匂いなどがずっと抜けてきて、それもおいしさのアクセントとなっているのである。

この丼を「食魔亭」の客に出すと、男性諸君にはものの2分ほどで一粒残さず胃袋へ納める強者がいるほど食が進むのである。中にはお代わりちょうだい、などという猛者まで出てくる始末で、この丼は実に食欲を惹起させる何かを秘めている。おそらくそれはキムチにあるのだろう。

とにかくこの漬物は、食欲を大いに高進させる不思議な力を持っているのである。目で鮮やかな色を見、鼻で快香を嗅ぎ、口でうま味と辛みを味わう。これじゃ食欲が湧かぬ訳はない。

第2章

# 夏の食卓

## マアジの涼し丼

### 暑い日に爽快な涼味

マアジ（真鰺）は夏の代表的旬魚で、この時期は脂の乗りがよく、実に美味である。今店頭に並んでいるいきのいいアジは、目がすっきりと澄んで少し盛り上がり、体は丸々と張っていて指先で押してみるとムッチリと返ってきて、エラの中は鮮やかな真紅《しんく》で、中には体色が黄色に光り輝いている「金アジ」などと呼ばれたりするものもいる。そのようなアジを売り場で見つけたら、必ず買ってきて我が輩流の「アジの涼し丼」をつくろう。夏の暑い日、この丼は実に爽快な涼味と妙味を発揮してくれる。

先ず買ってきたアジをおろす。尾近くにあるトゲ状のゼイゴをそぎとり、アタマと内臓も去《と》り、それを丁寧に洗ってから三枚におろす。そのおろし身の頭の方から薄皮をはぎとり、

4～5ミリ幅の霰《あられ》状に切る。いわゆる「アジのたたき」である。

ただし、自分でおろすのが面倒な人は、買った魚屋さんの売り場の人に「たたきにしてください」と言うと、そのようにつくってくれる。また、すでにたたきにされてパックしてあるものが新鮮ならば、それを使ってもよい。

丼に七分目ほど飯を盛り、その上にアジのたたきを好みの量、かぶせるように全面にのせる。さらにそのたたきの上にショウガの千切りをパラパラと撒き、縦に薄切りしたミョウガをパサパサと散らし、次に青ジソの葉の千切りをフワフワと撒き、続いて穂ジソの花穂《かすい》を点と散らし、さらにキュウリの千切りをあちこちにまき散らして終了。

その丼の上から、煮切りのタレ（酒大さじ1と味醂大さじ1を合わせて小鍋に入れ、さっと数秒間煮立ててアルコール分を飛ばし、それに醤油大さじ2を加えたもの）を回しかけして食べるのである。その涼し丼を見ると、アジの透き通るようなたたき身の上にショウガの黄金色、青ジソの深い緑、穂じその花穂の薄紫、キュウリの淡緑がとても涼しげで美しい。

左手に丼を持ち、右手に箸を持っていよいよ食べた。丼に口をつけた瞬間、ミョウガやシソ、ショウガ、キュウリの青々とした涼しい快香が鼻孔から抜けてきた。ざっとかき混ぜて、かっ込むように口の中に入れてムシャムシャと噛んだ。すると先ず、アジのたたき身が歯に応えてコリリ、コリリとし、そこから優雅なうま味と甘み、コクが出てきた。飯はホクリ、ポクリとしてそこから耽美な甘みがチュルチュルと出てくる。ミョウガやキュウリ、青ジソ、ショウガからはサクサク、シャリシャリとした歯触りがして、そこからは爽やかで涼しい快香を伴った、微かなピリ辛が湧き出してきた。

さらにこの涼し丼をガツガツ、ンガンガと食べていくと、次第に体も心も清清しい気持ちになり、これまでの夏の日には体験できなかった食事の時間を感じることができた。そのようなわけで、我が輩はひと夏で何度かこの涼し丼を賞味し、快適に暑い日を楽しんでいる。

# 豚スペアリブの快楽
## 溢れる野性ガブリ

豚のスペアリブとは、バラ肉をとったあとの肋骨《あばら》に付いている肉のことである。普通の肉の味とはまるで違って、味が濃く野趣味が溢《あふ》れていて実に美味い。その上、値段も通常肉よりも安価なので経済的にも嬉しく、我が厨房「食魔亭」ではよく使う食材である。

デパートやスーパー、街の肉屋さんでは食べやすいように適当な大きさに切り分けられているので助かる。最も簡単な食べ方は、肋骨肉を1本ずつ切り離したものに塩、コショウをしてからフライパンで焼くだけで野趣満点の味を楽しむことができる。これあたりはビールの肴にして格好である。

「食魔亭」ではよくバーベキューソース焼きをつくるが、これなどは恍惚《こうこつ》な野趣を感じさせる芋焼酎あるいはバーボンウイスキーにとても似合う肴になる。

そのつくり方はスペアリブの骨と骨の間に包丁を入れて1本ずつ切り離し、8本ほど用意する。先ずオーブンの天板にスペアリブを並べ、200度で15分焼く。それにバーベキューソース（水半カップ、トマトケチャップ大さじ3、ウスターソース大さじ2、醬油大さじ2、砂糖大さじ2をよく混ぜたもの）を片面にたっぷり塗ってから再び10分ほど焼き、それを裏返しにしてもう一方の面にもソースをたっぷり塗り、こちらも10分から15分焼き上げると香ばしいスペアリブが出来上がる。

こんなに簡単につくれて、しかも実に美味しいのだからつくらぬ手はない。焼き上がったものを1本手に持ち、ガブリと齧《かじ》りつく。骨から引きちぎった肉をムシャムシャと噛むと、濃厚にして野性を感じさせるようなうま味がジュルジュルと湧き出してくる。そして付随していた脂身からも、ペナペナとしたコクがトロトロと流れ出してきて、悶絶《もんぜつ》の美味を味わうことができる。ここで芋焼酎のお湯割りかバーボンウイスキーのロックをコピリンコ、グビリンコ。嗚呼《ああ》、ワイルドですなあ。次第に浮き浮きとしてきて、この肴と酒の相性のよさに感極まるのである。

スペアリブの赤ワイン煮も甚だ美味しい。切り離したスペアリブ（700グラム）に軽く塩を振り、フライパンに油を引いて全面を焼く。別にフライパンにニンニクとショウガのすりおろし（各小さじ1）、タマネギ（1個のスライス）を炒め、焼いたスペアリブをのせる。赤ワイン（2カップ）、醤油（大さじ4）、味醂（大さじ2）、砂糖（大さじ2）を加えてスペアリブの肉がやわらかくなるまで煮込んで出来上がりである。

その骨付き肉は全体が赤銅色に染まり、肉身を骨から外して食べる。ややややわらかくなった肉がムチリ、ホクリとしながら歯に潰されていくと、そこから野性的な濃いうま味とトロロ、ペナナとしたコクが湧き出てきて、そこに煮詰められたワインから出てきた爽やかな酸味が加わって、誠にもって秀逸な料理となるのである。この料理にはやはり赤ワインが似合うと思い、甲州産の甲斐《かい》ノワール（ブラック・クイーン種にカベルネ・ソーヴィニヨン種を交配した品種での赤ワイン）を選んで飲んだ。すると思った通り、この料理と赤ワインとの調和は実によろしく、酒肴とも我が輩の胃袋めがけてすっ飛んで入っていくのであった。

# スタミナ牛肉カレー
## 絶妙な甘辛、食欲高進

暑い日は体力も消耗し食欲も萎えることがあるが、そういうときにはスタミナ食が話題になる。鰻《うなぎ》のかば焼き、分厚いビフテキ、すごいのになるとスッポンを食いに行くか、なんて夢のような話も出てくる。

しかし、みんなで分け合って美味い、美味いと言って食べることは楽しいし、食欲もがぜん出てくるし、元気にもなれる。そんなときには我が輩流のスタミナ牛肉カレーがおすすめだ。4人分をつくろう。

牛薄切り肉（300グラム）はひと口大に切り、ブラックペッパーを振り込んでよくもみ込む。タマネギ（大1個）は3センチ角に切り、ニンニク（4かけ）はみじん切りにする。

リンゴ（半個）は縦半分に切って皮と芯を取り、小口から3ミリの厚さに切る。厚手の鍋に油を熱してタマネギとニンニクを中火で炒め、強火にして牛肉の半量を加え、焦がすぐらいに炒めてリンゴを加え、さらに炒めてそこに水カップ4、格安の赤ワインカップ1を注いで鍋底からかき混ぜる。

煮立ったら火を弱めてアクをすくい取り、20分ほど煮てから市販のカレールウ（好みの辛口のもの4人分）を砕いて加え、さらに10分煮て残りの牛肉を1枚ずつ広げて入れる。この間に、フライパンにサラダ油（大さじ2）を熱し、市販のクミン（小さじ1）のうち数粒を入れ、はじけてシュワシュワと音を立てるようになったら全て加える。

香りが立ち少し色づいたところで甘唐辛子（万願寺唐辛子4本）を入れてさっと炒める。それらをカレーに加え、一煮立ちさせてからグリーンピース（大さじ3）を散らして出来上がりである。

スタミナの理由は、まず牛肉タンパク質からのアミノ酸や活力ペプチドの供給、多めのニンニクの強精作用、クミンの微興奮性芳香、タマネギの含硫アミノ酸の筋力増強効能、甘唐辛子のカプサイシンによる血行促進とビタミン$B_6$、β-カロテン、ビタミンCなどでのコラーゲンの生成などで期待が持てる。

出来上がったスタミナ牛肉カレーの美味しいこと。舟形カレー皿に温かい飯を盛り、熱いカレーをどろりとかける。真っ白い皿の上に真っ白い飯、その上にべっ甲色に光沢したカレー、点々と散る緑のグリーンピースが美しい。それではいただきましょうと、右手に持ったカレーライス用ディナースプーンでご飯ごとごそっとすくいとり、食べた。

瞬間に鼻孔から、カレー特有の香辛料の爽快な香りが抜けてきて、口の中ではたちまちにしてカレーの辛みと牛肉の濃厚なうま味、タマネギとリンゴの甘み、ワインのかすかな酸味などが充満する。そこに飯の耽美なほどの甘みが重なり、絶妙の甘辛のバランス。

それにしてもとても美味しいし、とても辛い。だからどんどん食欲は高進し、ンガンガ、ガツガツ、どうにも止まらない。ついに額から汗が噴き出し、汗の玉がポトポトとカレーに降りかかりそう。ここで早くも新陳代謝確認。効くぞ、このカレーは。

# 麦イカの季節
## 梅肉と和える知恵に感嘆

　イカ類は種類が多く、日本の食卓にのぼるものだけでマイカ、スルメイカ、ケンサキイカ、モンゴウイカ、アオリイカなど枚挙にいとまがないほどである。中でもスルメイカは最も漁獲量が多く、イカ全体の5割以上を占めるというから極めて重要魚種である。

　全国各地で獲れ、麦の穂が実るころのスルメイカは、小柄ながら「麦イカ」あるいは「新イカ」と呼んで市場に出回るのである。我が輩が子供のころ、麦イカを持って魚屋さんが売りに来ると、待っていた祖母は買ってイカの料理をしていた。最初のイカを使ってつくるのは決まって「梅イカ」と呼んでいたものである。せっかく甘くて美味しいイカの刺し身を、わざわざ梅干しで酸っぱくするとはいったいどういうことなのかと、子供ながらに不思議がったものである。

数年前に著名な日本料理人に話すと「梅イカと簡単に言うけれど、つくるとなるとなかなか手が込んでね、今の家庭ではほとんどつくらない」という。ただイカの刺し身に梅干しを塗っただけの料理とは違う、というのである。そこでその巨匠から正統なつくり方を教えてもらい、今は自分でも時々つくっている。実は先日も新鮮なイカを買ってきたので久しぶりにつくってみた。

イカ（1杯）は皮をむき、縦に包丁を入れて1枚に開くと、イカは眩しいほどの白さで微《かす》かに飴色を帯びている。皮目の方に1センチ幅ぐらいに斜めの切り込みを入れ、1・5センチほどの短冊に切った。その切り身を熱湯にさっとくぐらせて霜降りにし、水気を拭きとった。梅干し（大粒のやわらかいもの4個）から梅肉をこそげとり、すり鉢でよくする。別に酒（大さじ1）と味醂（大さじ1）、醤油（数滴）を合わせてからよく混ぜて和え衣をつくり、衣とイカを和える。それを器に移し、青ジソ（2枚）の千切りを上に散らして出来上がりである。

よく見ると梅イカの配色は誠に美しく、心が洗われるほどだった。純白のイカと紅色の梅肉が絡まり合い、青ジソの緑が目に冴える。器が透明のガラス製小鉢だったので、涼しさを呼んで、この料理はやはり初夏に似合うものだなあと思った。

箸でとって食べてみた。噛むと瞬時に梅干し特有の酸っぱそうな匂いと、青ジソの清々しい快香が鼻孔から抜けてきて、口の中ではイカの身が歯に応えてコリリ、コリリとし、イカ特有の優雅な甘みと上品なうま味とがチュルチュル、ピュルピュルと湧き出してきて、梅肉の爽快にして快活な酸味が重なって、実に日本的で清潔感溢れる妙味だ。

食べて思ったのは昔の人の知恵の深さであった。イカの刺し身に醤油をチョンとつけて食べれば、うま味をしっかりと味わえるのに、そのイカの美味を梅干しの強い酸味で味わう。この哲学的工夫の裏にあるのは先ずこれから暑くなることへの引き締めであろうし、イカの刺し身を安全に保たせるための知恵であろう。さらには生イカに付いている雑菌の殺菌でもあろうし、生臭みを消すことにもつながっているのであろう。そして何よりも紅白のめでたい縁起担ぎなのかもしれない。イカと梅干しというたった2種の食材でも、その裏側にはこれほどの知恵が潜んでいるのである。やっぱり昔の人は偉い。

# 高菜の古漬け

## 牛肉と炒め牧歌的味わい

発酵学を修めていると、どんな発酵食品にも愛情が深まり、またその魅力に惹《ひ》かれて、ついつい毎日のように体に収めてしまうのが我が輩こと「発酵仮面」の流儀である。納豆、味噌汁、酢のもの、醤油、漬物、乳製品、酒といったものを、一日たりとも欠かしたことなどない。

さてその発酵食品の中でも、ここでは漬物の話。九州をはじめとして、あちこちに「高菜漬け」があるが、これも我が輩の大好物で、厨房「食魔亭」の重要な料理材料になっている。白いご飯の上にのせそのまま賞味したり、油炒めにしたり、茶漬け、チャーハン、握り飯、パスタにと、とにかくその使い途《みち》は数多《あまた》である。

ずいぶんと前のことであるが、高菜の古漬けと牛肉を炒めて食べたものが誠にもって美味しく、それが我が輩を高菜の実力に目覚めさせてくれた始まりであった。その後、この両者の取り合わせを土台に、そこにさまざまな具材を加えてさらなる美味しい炒めものをつくって楽しんできた。そして今は、そこに厚揚げと長ネギを加えて炒めると、それが酒の肴やご飯のおかずに実によく合うので、時々つくって賞味している。

牛肩ロース薄切り（250グラム）を4〜5センチの幅に切り、長ネギ（2本）は1センチ幅の斜《はす》切りにする。厚揚げ（1丁）は3センチ四方の角切りにし、高菜の古漬け（170グラム）は2センチ角に切る。中華鍋にゴマ油（大さじ2）を熱し、牛肉を入れてほぐしながら炒め、肉の色が変わったらネギと厚揚げを加えてさらに炒める。全体に火が回ったら高菜を加えてさっと炒め、酒（大さじ2）、醤油（大さじ1）、味醂（大さじ1）、豆板醤《とうばんじゃん》（小さじ2）を加え、さっと混ぜ合わせて4人分の出来上がりである。

まず牛肉を食べると、歯にシコシコと応え、そこから濃厚なうま味がジュルジュルと湧き出してきて、そこに炒め油からのペナペナとしたコクが加わり、その全体を豆板醤の熟れた辛味が囃してくる。そしてその肉が、どことなく牧歌的な匂いに染められているのは、高菜の古漬けからの発酵香であろう。

ネギには牛肉のうま味が絡まり付いて、自ら出した甘みと一体となりポクリ、シャリリと快い。厚揚げはあっさりとしたうま味とコクに牛肉からの濃厚なうま味が重なって、そこに高菜からの発酵香も絡まって、何となくどっしりとした重厚味を放っていた。そして高菜の古漬けは、歯にシコシコ、コキコキと応えながら、そこから長閑《のどか》で、どこか田舎風で、何となく牧歌的な匂いと酸味とが湧き出してくるのであった。

この炒めものは大層美味しいのであるが、その原点は高菜漬けという発酵食品の存在意義の大きさである。料理全体を牧歌的発酵香で染め上げ、古典的で爽やかな酸味を付与、食べる者へ食欲を惹起させる不思議な力を持っている。だからこの料理には、高菜の古漬けが無かったら美味しさは成立しない。野球でいえばエースか4番打者、バスケットでいえばポイントゲッター、オーケストラならマエストロである。いやいやこの漬物には、そんな派手なポジションや名称など似合わないから、野武士でよいのだ。個性を強烈に持った地味な存在でありながら、いざとなれば鋭く切り込んでいく。高菜の古漬けはそんな逞《たくま》しい存在なのだ。

# 残りガツオの揚げ浸し

## 続く頬っぺた落とし

カツオ（鰹）の刺し身が大好きなものだから、我が輩にとって初夏はカツオ騒がせの時期なのである。福島県のいわき地方では、刺し身といえばマグロではなくカツオであったので、小名浜港に水揚げされたものを子供のころからいつも食べていた。

とりわけ田植えの時期には、魚屋の店頭にはカツオが溢れ、刺し身だけでなく塩焼きや煮付け、味噌汁の実、炊き込み飯でも食べていた。余分に残ったものは、味噌漬けにして保存して食べた。

そんな幼少時の食の履歴があるために、今でもカツオは大好物である。東京・渋谷に井ノ頭通りという、ＮＨＫ放送センター方面に向かう道路があり、その途中に「奈加野《なかの》」という居酒屋がある。我が輩が家の外で最も美味しいカツオの刺し身やたたきを食べるときは、大概はこの店に行くことにしている。主人が高知県の出身で、本場からとびっきり新鮮で美味しいカツオを仕入れることのできる特別のシンジケートがどうやらあるらしく、常に我が輩の舌を欺いたことはない。

そんなわけだから、我が厨房「食魔亭」でもカツオ料理は盛り沢山《だくさん》だ。するとどうしてもカツオの切り身や刺し身に食べ残しが出ることも多いが、それは決して無駄にせず再び手を加えて酒の肴にするのである。その中で一番の人気は刺し身の余り身を衣揚げし、それを特製のタレに浸して食べるもので、焼酎にはとりわけもって来いの肴になる。

そのつくり方は簡単で、刺し身に軽く片栗粉をまぶし、160度の揚げ油で身を返しながら揚げ、全体がキツネ色になったら取り出す。タレはバットに醤油100ミリリットル、酢100ミリリットル、味醂大さじ3、赤ワイン大さじ2、おろしショウガ大さじ2、おろしニンニク小さじ2、長ネギ2分の1本のみじん切り、赤唐辛子2本の小口切り、白ゴマ小さじ2をよく混ぜ合わせるのである。

揚げたての熱いカツオをタレに5分間浸したら引き上げて、器に盛り食べる。カツオはタレに浸って濃いめの赤銅色に染まり、実に美味そうだ。それではいただきましょうと、その日は麦焼酎で6対4のお湯割りをつくり、いよいよ独り善《よ》がりの始まりである。先ず焼酎を多めに口に含んでグビーッと呑《の》んだ。すると焼酎は喉《のど》から食道を一直線に駆け下り、鳩尾《みぞおち》辺りに着くと、その周辺をジュワワ～ンと熱くした。

そこで揚げカツオの浸しを1片箸で取り、それを口に運んでムシャムシャと噛んだ。すると身は歯に潰されてホクリ、ポクリと悶《もだ》えながら、そこからカツオ特有の濃厚で奥の深いうま味がジュルジュルと湧き出してきた。

それを衣を染めていた揚げ油のペナペナとしたコクが囃し立て、さらにその全体をタレのうまじょっぱみや辛み、甘み、酸味などが包み込んで、頬っぺた落としの味がした。こうして口に余韻を残したうま味は再び焼酎で流し去り、ひと呼吸置いてまた揚げカツオを頬張り、焼酎をコピリンコする。

油で揚げたそのカツオをタレに浸さず、温かい丼飯の上にのせ、その上からタレをかけた「揚げカツオ丼」も我が輩の舌に馬力をかけた。残りカツオの身分なれど、再びその真味を輝かせてくれた天晴《あっぱ》れ者である。

# 冷製スパゲッティ

## ほてる体を冷ます滋味

湯を鍋に5リットルほど沸かして塩大さじ2を加え、細めのスパゲッティ350グラムを茹でる。袋の表示よりも1～2分長めにゆで、すぐに氷水にとって冷やし水をしっかり切る。

そのスパゲッティに冷蔵庫で冷やしておいた手ちぎりしたレタス（4枚）を加え、冷たいイカ、タコ、小柱（バカガイの貝柱）、ボイルむきエビ（むきエビの塩ゆで）を好みの量加え、さらに調味液（醤油大さじ2、酢小さじ1、おろしワサビ小さじ1、ゴマ油大さじ1、塩少々）を振りかけ、全体をよく和える。

最後に上から手でもんだ焼きのり（1枚分）とカツオの削り節（2パック）を散らして

「冷製シーフードスパゲッティ」の出来上がりだ。

先日の暑い日にこれをつくって食べた。大皿に盛って眺めると、何とも美しい。スパゲッティの淡黄色を背景に、イカ刺しの白、タコ刺しの小豆色、小柱の木イチゴ色、レタスの薄緑、削り節の淡いピンク色。

それではいただきましょうと、取り皿にざっくり取り、フォークでぐるぐるぐると巻き上げてまず、スパゲッティを口に入れてかんだ。細めの麺は歯に当たってホクホクとし、そこから優雅な甘みがチュルチュルと出てくる。次にフォークの先でイカとタコを刺して口に運んで噛むと、こちらはそろってコリリ、シコリ、コキリなどと歯に応え、そこから上品なうま味とかすかな甘みなどがピュルピュルと湧き出してくる。小柱は、うま味よりは甘みのほうが強いのではあるまいか、といった具合に、独自の主張をしてきた。エビを噛むとポクポクとしてそこからは優雅な甘みと上品なうま味とがジュルジュル流れでてくるのであった。

今度はフォークで何もかも絡めとって口に運んでムシャムシャと食べた。するとスパゲッティを囲んでいた削り節の強いうま味が口中に広がり、鼻孔からはそのカツオ節と焼きのりの香りが抜けて絶妙であった。麺も具も全て冷やしておいてから料理したので、そのうちに身体は内側から冷えてきて、快適であった。

同様に細めのスパゲッティを茹でてから冷やし、粗みじん切りして冷やしたトマトをぶっかける。さらに全身真っ赤なブラックタイガーのボイルしたむき身を冷やして加え、サイコロ状に切って煮てから冷やしたニンジンを加え、冷たいトマトケチャップをドロリとかけた「赤い冷製スパゲッティ」をつくって食べた。

何もかも赤なので、主役の赤いスパゲッティよりも器の真っ白の磁製の皿の方が目立ってしまう奇妙な現象が起きた。ところがその赤い麺は誠にもって美味しい。そして身体を内側から冷やしてくれた。

食べものに含まれる赤い天然色素はリコピン、ポリフェノール、アントシアニンなどの成分。抗酸化性、免疫力があり、また有色野菜特有のビタミン類やアミノ酸、鉄分やカリウムなどのミネラル類も、夏バテに抵抗力を増してくれるということだ。ことわざに「果物・野菜が赤くなれば医者の顔が青くなる」がある。

# イワシのコロッケ
## 醤油かけサクサク濃厚

学生時代、自炊しながら生活していた我が輩は、肉屋から買ってきたコロッケ1個でご飯を3杯も平らげた。丸いコロッケを3等分し、先ず1片を飯の上にのせ、コショウを振りかけてからそこに醤油を垂らし、ざっとかき混ぜてから1杯目を貪る。2杯目も3杯目も同じようにして、気がつくと電光石火の速さで飯もコロッケも胃袋に消えてしまった。そのころのコロッケの味には懐かしさが未だに残っていて、そのため我が厨房「食魔亭」ではよくコロッケ定食をつくって食べている。

コロッケというと、基本はジャガイモと合いびき肉とタマネギであるが、猫君より魚の好きな我が輩は、ひき肉の代わりにイワシ（鰯）を使うことが多く、これが実に美味しい。大概は4人分つくる。イワシ（2尾）は三枚におろし、身だけを粗く叩く。すりおろしたショウガ（20グラム）と酒（大さじ2）を加えてよく混ぜる。それをサラダ油（大さじ2）で炒め、みじん切りしたタマネギ（半個）を加えて塩、コショウを適量に振って、さらに炒めて火を止める。そこにジャガイモ（煮つぶしたもの400グラム）を加えてからよく和え、4等分に分けて厚めの円盤形に成形する。小麦粉をまぶして溶き卵をからめ、パン粉を全面に付けてから衣がキツネ色になるまで油で揚げ、キャベツの千切りを添えて皿に盛る。

ほどよく揚がったので、次はコロッケ定食に合う味噌汁をつくった。いつも決まっている簡単なもので、ダシ汁を鍋に張り、味噌を溶かし、乾燥カットワカメを数片加え、さらに方寸角に切った豆腐を入れた「豆腐とワカメの味噌汁」である。

いよいよコロッケ定食をいただくことにした。先ず昔とった杵柄《きねづか》よろしく、1個のコロッケを2つに分け、そのうちの1片をご飯茶碗に盛った温かい飯の上にのせる。そのコロッケにテーブルコショウを多めに振り込み、その上から醤油をチョチョンのチョンとかけるのである。我が輩はメンチカツでもアジフライでもコロッケでも、ソースはかけずに完全醤油党を貫いている。

コロッケの中央辺りをごそっと取って、飯といっしょに口に入れてムシャムシャと噛んだ。するとコロッケの衣が歯に応えてサクサクとし、次第に崩れていってペトリ、ペトロとなり、そこからイワシ特有の濃厚で奥行きのあるうま味とコクがジュルジュルと出てきて、さらにジャガイモやタマネギからの甘みもチュルチュル湧き出してくる。飯からの耽美なほどの甘みが加わって、それらを醤油のうまじょっぱみとコショウやショウガからの辛みが囃し立てるものだから、収拾のつき難いほどのうまさの混乱が生じるのであった。

ここで熱い味噌汁をズーッと啜《すす》ると、コショウの辛さのために口中がさらに熱くなり、そこから味噌の熟したうま味が広がってくるのである。残りの半分のコロッケも同じようにしてすっかりいただいた。こうしてイワシのコロッケをじっくりと味わってみると、従来の肉のコロッケでは味わえない個性がはっきりと表れてきて、いつも我が輩はたったこれだけで大いに感激するのである。イワシのコロッケ特有のうま味の濃さと味の幅、独特のかすれたような匂い、そしてしっとりと宿る野趣の味。イワシは本当に侮れない。

# 俺流あんかけ焼そば

## パリパリ後ホコホコ

札幌にも仕事場を持っている我が輩は、隣町の小樽市に行く機会はとても多い。幾つもある小樽の生鮮市場に、安くて美味しい魚介類を買い出しに行くことがあるからである。その小樽に行って昼食時刻ともなると、名物の「あんかけ焼そば」を食べることもある。

昭和30年代より小樽市に広まり、その後市民や観光客に愛好されてきた。平成に入って市のPRのため、市民団体による普及活動で今はご当地グルメとして市内100軒を超す飲食店がこのメニューを提供している。小樽でそのあんかけ焼そばの味と魅力を知った我が輩は、そのうちに自分でもつくって食べるようになった。

2人前をつくるとすれば、中華蒸し麺を2玉用意する。豚バラ肉薄切り（100グラム）

は2センチ幅に切り、冷凍むきボイルエビ（50グラム）は解凍する。ハクサイ（100グラム）は長さ5センチ、幅2センチに切り、タマネギ（半個）はタテ切り1センチ幅に、シイタケ（3個）は石突きを取って4等分に切り分ける。ニンジン（5センチ）は長さ2センチ、幅1センチの短冊切りにし、サヤエンドウ（10枚）はスジを取っておく。

ボウルにダシ汁（2カップ）、日本酒（大さじ2）、片栗粉（大さじ2）を合わせておく。フライパンを中火で熱し、中華蒸し麺をほぐして全体を広げる。フライ返しで麺を上から押さえ、ひっくり返してまた押さえ、こうして両面に焼き色がつくまで焼き、それを二つに分けてそれぞれの器に盛る。

フライパンに油を引き、豚肉を炒《いた》め、肉の色が変わったらタマネギとシイタケを加えて炒め合わせる。タマネギがしんなりして透明になったら、ハクサイ、ニンジン、サヤエンドウを加える。

フライパン全体に火と油が通ったら、ボウルに入れておいたダシ汁、酒、片栗粉を加えてとろみがつくまで煮立てる。塩、コショウで味を調え、最後にゴマ油（大さじ2）とオイスターソース（小さじ1）を加えて合わせ、それを麺に等分にのせて出来上がりである。

なんとそのあんかけ焼そばの美しいことか。黄色い麺の全体がやや焦げてキツネ色に焼き上がり、その上にエビとニンジンの赤、サヤエンドウの緑、ハクサイの白、豚肉の乳白色などが散って、あたかも麺の上のお花畑のようである。その美しさに見とれてから、そこに箸を入れて食べた。

先ず大雑把に全体を混ぜてから、麺と具をごそっと取って口に入れてムシャムシャと噛んだ。歯に最初に応えたのは麺で、パリパリとした歯応えが次第にやわらかくなり、今度はホコホコとしてくる。するとそこから香ばしい匂いが立ってきて、さらにこの麺特有のエキゾチックな鹹水《かんすい》の匂いも鼻孔から抜けてきた。

エビは歯に潰されてポクポクとし、耽美な甘みと優雅なうま味が出てきて、豚肉からは奥の深いうま味と脂肪からのコクとが出てくる。

野菜類からも微かな甘みやうま味が湧き出してきて、それらの味が麺からの甘みに包まれて、その全体を片栗粉のとろみがとじ込める。とにかく味覚と触覚（歯応え）の双方から美味しさが迫ってくるのであった。硬い麺とやわらかい具との優しい融合があんの役割なのである。

# 季節丼

## カツオの漬けにマアジも

我が輩は丼ものが大好きで、天丼やカツ丼、親子丼、鰻《うな》丼などと聞いただけで涎《よだれ》がピュルピュルと湧き出す始末である。そんなに丼料理が好きなものだから、それが高じて我が輩独自の季節丼をつくり楽しんでいる。春や初夏は「山菜の天丼」や「カツオのたたき丼」「アナゴのかば焼き丼」、夏は「アジのユッケ丼」や「キスの一夜干し丼」、秋は「サケとイクラの親子丼」や「キノコの炒め丼」、冬は「ブリの山かけ丼」や「タラのバター焼き丼」などである。

今の時期には旬魚の漬け丼をよくつくる。先ずはカツオの漬け丼で、デパートかスーパーマーケットに行ってカツオの刺し身を買ってくれば簡単につくれる。初めに漬けダレをつくる。バットに醤油（大さじ3）、煮切り味醂（大さじ3）、酒（大さじ2）、ショウガのすりおろし（大さじ2）をよく混ぜ、カツオの刺し身（1パック）を加え、静かに和えてからラップをかけ、20分間冷蔵庫で漬け込む。2つの丼に温かいご飯を盛り、上に青ジソ（4枚）を乱切りしたものを散らす。冷蔵庫から出してきて汁気を切った漬けカツオを2つの丼に均等にのせ、上から白ゴマと刻みのりを適宜に振りかけて2人前の出来上がりである。生卵を割ってのせる人もいるが、我が輩はシンプルを味わいたいのでのせない。

　丼を左手に持ち、右手に箸を持って食べる。ざっと一度かき混ぜ、丼に唇を付けてかっ込むようにして口に入れ、ムシャムシャと噛むと、瞬時にのりと青ジソとショウガの快香が鼻孔から抜けてきて、口の中ではカツオの身のムッチリ、ホッコリとした歯応えがして、醤油で染められたカツオならではの奥の深い強いうま味がジュルジュルと出てくる。さらにホコホコとしたご飯からは優しい甘みと品のあるうま味がチュルチュルと出てきて、多めに使ったショウガのピリ辛が囃し立てて、すばらしい季節丼が味わえるのである。

　マアジの丼も季節感を味わえる。デパートでマアジのたたき（生のマアジの刺し身を細切りしたもの）を2人分買ってくる。バットに入れ、タレ（醤油大さじ2、味醂大さじ1、ショウガ1かけのすりおろし、白ゴマ大さじ1）を加えて混ぜる。2つの丼に酢飯（2合のご飯に酢大さじ3、砂糖大さじ2、塩小さじ1を混ぜ、よく和えたもの）を盛り、タレで和えたマアジのたたきを均等にのせ、上から刻んだ万能ネギ（2本）と乱切りした大葉（2枚）を撒《ま》いて2人分の出来上がりである。

その丼を持って箸でざくっと一度かき混ぜ、口に運んで食べると、薬味のネギと大葉とショウガの涼しげな快香が鼻孔から抜けてきて、口の中ではアジの身がコリリ、コリリと歯に応え、上品で繊細なうま味が湧き出してきて、酢飯からの甘酸っぱみが包み込んで誠に美味しい。

アナゴもこれからが旬なので、季節感をよく感じさせてくれる。開いて売っている生のアナゴ（2尾）を煮汁（酒半カップ、醤油大さじ4、味醂大さじ3、砂糖大さじ2を合わせたもの）で煮て、べっ甲色になったアナゴの身を温かいご飯の上に横たえ、山椒の葉の木の芽（数枚）と青ジソ（1枚）をのせ、上から粉山椒（適宜）を振って出来上がりである。ちょうど木の芽の緑が冴えるときなので、この季節にぴったりの丼である。

# 肉じゃが
## まるで丼の中の田園風景

「肉じゃが」は日本で生まれた国民的煮込み料理である。肉、ジャガイモ、ニンジン、タマネギなどを油で炒めてから醤油、酒、砂糖、味醂などで甘く煮たもので、日本の老若男女みんなが喜ぶ笑顔の総菜である。同じ煮込み料理のカレーライスも国民的人気となっているのは、材料がほとんど同じで、共に大衆性の雰囲気を漂わせているからであろう。

我が輩も肉じゃががとても好きである。その理由は、ご飯のおかずにしても嬉しいし、酒の肴にするともっと嬉しいからである。我が厨房「食魔亭」ではこれをよくつくり、よく食べている。我が輩流（4人前）は、牛肉（細切れ肉250グラム）をひと口大に切る。ジャガイモ（600グラム）は、芽をえぐり取ってから皮をむき、4つ切りにし、水にさらす。

タマネギ（1個）は6つ割りにし、ニンジン（中1本）は皮をむき、ひと口大に切る。白滝（1袋）は食べやすい長さに切ってから湯がき、水気を切っておく。鍋に油（大さじ2）を熱してタマネギをざっと炒め、そこへ牛肉と白滝を加えてさらに炒め、肉の色が変わったら、水気を拭きとったジャガイモとニンジンを入れて炒める。そこに水（カップ2）を注ぎ、煮立ったら火を弱めてアクをすくい、味醂（大さじ1）を入れて5分ほど煮る。そこへ醤油（大さじ2）を加え、ジャガイモがやわらかくなるまで煮てから、さらに醤油（大さじ2）を加え、最後に熱湯をかけたグリーンピース（大さじ3）をパラパラと撒いて出来上がりである。

その肉じゃがは見ただけでも食欲をそそってくる。黄金色を帯びたべっ甲色のジャガイモと白滝、褐色がかった赤銅色の牛肉、ニンジンの赤、そしてグリーンピースの緑。まるで丼の中の田園風景だ。そして先ず、牛肉をひと切れ口に運んでムシャムシャと噛んだ。すると瞬時に、肉じゃが特有の甘じょっぱくてうまそうな匂いが鼻孔から抜けてきて、口の中では肉が歯に応えてシコシコ、ムチムチとして、そこから濃いうま味と脂肪からのコクがジュルジュル、チュルチュルと湧き出してくる。

次にジャガイモを食べた。イモはホクリとし、すっかり牛肉のうま味に染まって、そこに自らのサラサラとした甘みが加わって絶妙であった。タマネギも牛肉のうま味とコクを吸い、自らの甘みと混じり合う。ニンジンも白滝もしっかりと牛肉のうま味に染められていた。肉じゃがという料理をじっくり鑑賞してみると、いかに肉のうま味が全体の味を支配しているかがよくわかる。

我が輩はこの肉じゃがを丼に盛った飯にぶっかけて「肉じゃが丼」にして、ンガンガとかっ込みながら貪るのが大好きだ。しかし、もっと美味しいのは、この肉じゃがを小鍋に移して火にかけ、上から解いた生卵を回しかけて卵とじにし、それを丼飯の上にかけた「肉じゃが卵とじ丼」にすることである。黄色と白の卵とじの下に、きれいで美しい肉じゃががゴロゴロと転がっていて、それを掘り起こしながら食べる痛快さは格別だ。

# そうめんのつけ汁
## ツナ缶とネギで絢爛

そうめん（素麺）は、こねた小麦粉を糸のように細くのばしてつくる麺。ひやむぎ（冷麦）はそうめんよりも少し太い麺である。茹でた直後に冷たい水に放ち、つけ汁につけて食べるのが共通している。

そのつけ汁は、めんつゆ（カツオ節などでとったダシ汁を醤油や味醂などで調味した汁）が昔からの定番だが、さまざまな材料を使って進化させた。最近では濾《こ》したトマト汁を加えたり、豆乳で割ったり、中にはオイスターソースやカレー風味のものまである。決まりはないので、レパートリーを増やせば自由自在の好みで賞味できるというわけである。

我が輩は暑い日には子供のころから井戸水できりりと冷やしたそうめんを、カツオ節でとったダシ汁に醤油や味醂を加えてつくったつけ汁で食べてきたものだから、その古典的な方法で味わうのが好きであった。

ところが浮気心が出て、正統派の汁にさまざまなものを加えて、美味しく食べることを覚えた。ただ最近の若い人たちの好むハイカラな汁でなく、慣習に則《のっと》ったもので食べるのが大半である。ゴマ（胡麻）やクルミ（胡桃）をすり、砂糖、味噌などを加えて調味した汁に入れて食べると、ゴマとクルミの香りと、こってりしたコクがそうめんと絡み合い、絶妙の汁となるのである。長芋をすりおろしたトロロやおろし大根、エゴマ（荏胡麻）を使ったものなどがあって、どれもとても素朴で、しかし実に美味しいものばかりである。

我が輩もまだ若いのだろうか、思い切り革新的な汁でも嬉しく賞味するようになった。例えばツナ缶詰に細かく刻んだネギを合わせ、汁に入れてそうめんを食べると、素朴なめんつゆがいきなり絢爛《けんらん》となって、今まで味わったことのない派手な美味しさになるのである。ツナ缶詰を浸していた油が麺とまろやかに絡み合い、ツナ缶詰の優雅なうま味が囃し立て、めんつゆの古典的なうまじょっぱみが包み込み、ネギの快香まで参入してくるものだから、たちまち頬落舌踊となるのである。

魚風味の汁といえば、青森県八戸市の食堂で食べた「イカ刺しそうめん」は思い出に残っている。新鮮なイカで通常の刺し身をつくり、食べやすい長さに細切りする。深皿に入れ、冷えたそうめんを加えてざっと混ぜ合わせる。通常のめんつゆに刻みネギと針ショウガ（ショウガを細く刻んだもの）を加え、その汁でイカとそうめんをいただくのである。

とても簡単で素朴なものであるけれど、イカとそうめんの硬軟のコントラストが妙で、楽しめる。噛むとシコシコ、コリコリとしたイカ刺しから優しいうま味と甘みが湧き出してきて、ふわわとしたそうめんからは耽美な甘みが湧き出してきて、めんつゆのうまじょっぱみとショウガのピリ辛も加わってきて、夏に似合う食べ方であった。

さらにますます暑くなると、我が輩流の「納涼そうめん」をつくる。深皿に冷たいそうめんを盛り、上にキュウリと青ジソ、ミョウガ、ショウガの乱切りを撒き散らし、角氷を数個おき、冷やしためんつゆをかけ回したものである。これを啜るといっぺんに汗が引き、心は爽快となる。

# 牛肉のニンニク焼き
## 渋めの赤ワインが合う

昔、我が国では長く家畜の肉を食うことを忌み慎んだ歴史から、肉食が一般化した現在でも役畜として通称してきた牛は「うし」とはいわず、音読して「ギュウ」または「ギュウニク」という。馬も同じで「バニク」という。ところがこの方がとても食欲の湧く呼び方で、「きょうはウシの肉のステーキよ」とか「ウマの刺し身はいかが」なんていわれると、何となくビクッとするものだ。

その牛肉は、やはり肉類では王道を行く食材で、優雅な味も、料理の幅や質も、値段も揺るがない。そんなことを考えていたら、急に牛肉が食べたくなり、時々つくって賞味しているショウガ焼きとニンニク焼きをつくることにした。ショウガ焼きといえば相場は豚肉に決まっているが、どうして、牛肉でも実に美味い。

牛肉の薄切り、だいたいしゃぶしゃぶ用よりほんの少し厚いぐらいのものを用意し、焼き網を熱し、何も付けないで1枚ずつ広げて並べ、両面を焼く。焼き上がったら醤油におろしショウガを加えた付けダレをくぐらせ、さらに焼いてカリッとさせて出来上がりである。なんとこれだけでよろしいのだ。やたらさまざまなタレを調合して、それで焼くよりも、この方が牛肉の真味をじっくりと味わえるので我が輩は好きだ。

その焼き上げた牛肉を1枚噛むと、はじめカリリとした歯応えの後にシコリ、シコリとし、そこから牛肉の持つ優雅なうま味と微かな甘み、そして脂肪からのペナペナとしたコクなどがジュルル、ピュルルと湧き出してくる。それをショウガの微かなピリ辛が囃して、絶妙である。牛肉と付けダレの醤油が火で焙られて出た香ばしい匂いが鼻孔から抜けてくるのも、ぞくぞくするぐらい嬉しい。この牛肉のショウガ焼きを肴にするときの酒は、辛口の日本酒を熱めに燗をしたものに決めている。

牛肉のニンニク焼きは、実は多くの人が賞味している食べ方であるが、我が輩の場合はニンニクゴロゴロ入りである。たとえば4人前つくるのであれば、牛肉（バター焼き用を

400グラム）に塩、コショウをし、ニンニク（5かけ）はそれぞれ2つに切る。フライパンに油（大さじ2）を熱してニンニクを炒め、強めの中火にしてから牛肉を少量ずつ加えながら炒めていき、最後にバター（大さじ2）と赤ワイン（同）、ブランデー（同）、醤油（大さじ1）を加えて手早く味をからめて出来上がり。

器に盛ると、迫力ある牛肉のやや黒みを帯びた赤銅色とゴロゴロ点在する黄金色のニンニクが眩しい。先ず牛肉を頬張ってそれをムシャムシャと噛むと、肉は歯に応えてシコリ、シコリとし、そこから牛肉特有の優雅なうま味と甘み、コクがジュルジュルと出てくる。牛肉はしっかりとニンニクの香りを吸って快い。

次にニンニクを口に入れて噛むと、ポクポクとしながらそこから上品な甘みがチュルチュルと出てきて、それが牛肉のうま味に染まっているので、絶妙である。酒はもちろん、酸味とやや渋みの効いた赤ワインが好きだ。

# ミックス天丼
## 食欲誘う見事な景色

テレビの街歩き番組をなんとなく見ていたら、出演者のリポーターがどこそこの天丼が美味いとか言って、その店を探しあて、とても美味しそうな天丼を食べていた。その天丼には、丼からはみ出すほど巨大なクルマエビの天麩羅が2本、タレがかけられてのっていた。

我が輩はとたんに天丼が食べたくなり、よし今夜は天丼だ、と意気込んだ。巨大なエビ天丼なんかに負けるものか、ここは我が厨房「食魔亭」の威信にかけて勝負に出よう、なんて大胆に思ったりして、デパートの食品売り場に行き、中型のクルマエビとむき身のホタテ貝(刺し用)、それにアカイカを買ってきた。

クルマエビは尾の一節を残して殻をむき、背わたを抜いてから腹側の筋に3カ所ほど浅く切り込みを入れ、水気をよく拭きとっておいた。ホタテは淡い塩水でさっと洗ってからよく水を拭きとり、真ん中に小さく十字の切れ目を入れた。イカは腸《わた》や内臓を潰さぬように抜きとってから、みみの部分を外し、ゆっくりと下の方に引っぱり、皮をはいだ。それをひと口大に切り分け、一枚一枚の表面に十字の切り目を入れた。

下ごしらえをしたそれらの天種《てんだね》に、通常の天麩羅を揚げる要領で衣をつけ、ゴマ油で揚げた。すなわちボウルに生卵（1個）と水（カップ3分の2）を合わせて混ぜ、そこに薄力粉（カップ3分の2）を加えてさっくりと混ぜた衣をつくる。それに天種をからめ、中温（170～180度）で揚げ、衣がパリッとして濃いめの黄金色になったら取り出して油を切る。上にかけるタレは、鍋にダシ汁（カップ1）、味醂（大さじ3）、砂糖（大さじ1）、醤油（大さじ4）を入れて火にかけ、煮立ってきたら火を弱め、8～10分煮詰めたものである。

丼に温かい飯を七分目ほど盛り、その上に3種の天麩羅（ホタテ2個、クルマエビ2尾、イカ2枚）を窮屈そうにのせ、その上からタレを回しかけた。いやはや何と豪華なことか。先ずその景色が見事なこと。ホタテは、肉感的な温《ぬく》もりを残した肌色の身で、薄い衣の中に透けて見える。クルマエビも同じく黄金色の衣の中に、目出度《めでた》き紅白の縞《しま》模様を艶やかに見せ、イカは衣の中に微かに白い色を浮かばせて粋である。所々にタレの濃い赤銅色のタレが散っているのも、食欲の情をぐっと誘ってくる。

先ずホタテを食べると、衣がサクサクとしてから身が歯に応えてムチリ、ホコリとし、そこから絶妙の甘みと優雅なうま味が湧き出してきた。そこにタレのうまじょっぱみも絡まって秀逸。エビもポクポクとして、そこから高尚な甘みがチュルチュルと出てくる。イカは歯にシコリ、シコリと応えて、そこからは軽快な甘みとうま味が湧き出してくる。

それらのうま味やゴマ油のコク、タレのうまじょっぱみなどが飯粒をも染め、ご飯まで天晴れであった。我が「食魔亭」の天丼もまんざらではない。

# 寒天おやつ

## ピロンピロン、夏の思い出

夏になると一番の思い出の冷たいおやつといえば寒天であった。寒天は海藻の天草（トコロテングサ）の汁を煮て凍らせた後、乾かしたもので、羊羹《ようかん》や伝統和菓子の大切な原料となってきた。

我が輩が小学校から帰ると、暑い日には祖母が決まって簡単な寒天羊羹をつくって待っていてくれた。羊羹といっても、小豆あんを入れた本格的なものではなく、ただ寒天を溶かし、それに砂糖と真っ赤な食紅色素を加えてバットに入れ、自然に固まったものであった。

そのピンク色のブヨブヨとした角切りを皿の上にのせ、急いで食べるとあっという間になくなってしまうので、スプーンで端のほうから少しずつすくい取って食べるのが大好きだった。口の中に入れるとピロンピロンとしながら溶けてしまう。

その小さいときの思い出は、この年まで頭の中から消えず、時々呼び覚ますので、そのうち自分でも寒天菓子をつくってみることにして、もう20年以上にもなった。

得意なのは「小豆寒天」である。昔、寒天は棒状のものであったが、今は粉寒天があるので重宝だ。粉寒天4グラムを鍋に入れ、3カップの水を加えて中火にかけ、木べらでゆっくりかき混ぜながらに溶かしていくと、2分くらいで沸騰するから火を止める。熱いうちにゆで小豆(缶詰)100グラムを加え、よく混ぜる。それを少し水でぬらした流しかんまたはバットに流し入れ、粗熱をとってから冷蔵庫で冷やし固めるのである。固まったら適宜の大きさに切り分けて、その上から黒蜜をかけ、さらに黄な粉をかけて食べる。

淡い小豆色に染まった寒天をスプーンでごそっと取り、口に含んで食べると、まず寒天のピロロン、ブヨヨンとした食感が口中に伝わり、それがトロロロと崩れていくとまもなく、覆っていた黒蜜の甘みが広がっていき、それを黄な粉のコクが囃してくれて絶妙である。

今では「淡雪羹」も時々つくるようになった。棒寒天半本を水に浸してやわらかくし、ちぎって鍋に入れ、水1カップ半を加えて火にかけて溶かす。十分に溶けたら50グラムの砂糖を加えて溶かし、火を止めて40度まで下げる。別に卵白1個分を泡立て、途中で15グラムの砂糖を加えてさらに泡立てる。しっかり泡立ったら静かにかき混ぜながら溶けた寒天に入れ、泡立てるようにさらに混ぜ、型に流して固めて出来上がりである。

寒天食での夏向きの情緒といえば、何と言っても「ところてん」である。棒状に固めた寒天を天突き棒でひも状に突き出し、それに酢醤油をかけ、あぶって千切りにしたノリ、切りゴマ（まな板の上で白ゴマを包丁でたたいて切る）、辛子などをかけていただくのである。昔の旅人が、盛夏の山越えに峠の茶屋の筧《かけひ》（竹や木の筒で清水を導くところ）の下にところてんを見つけた情緒は、俳諧の季題のひとつにもなった。

「清滝の水汲《く》みよせてところてん」（松尾芭蕉）

# 緑丼
## オクラ・青ジソがぜん食欲

我が輩が編み出した「緑丼」を紹介しよう。暑い日でもがぜん食欲が出るから夏向きだし、見た目も爽やかな緑色ですがすがしく、なんと言っても美味しいので止められないのだ。

材料は枝豆（ゆでて皮をむいたもの）90グラム、オクラ8本、長芋（皮をむいたもの）100グラム、刺し身用のイカ150グラム、青ジソ10枚、グリーンピース10さや。

オクラと長芋はおろし金ですりおろす。それを合わせて、そこに酢大さじ1、醤油小さじ2、ダシ汁大さじ4、塩小さじ1を加え、よくかき混ぜて均一にしてから枝豆を投入して混ぜ合わせる。これを「オクラ・長芋組」と呼ぶ。イカは細切りにし、塩少々とゴマ油（大さじ1）を加えてあえ、そこに青ジソのみじん切りを入れてよくまぶす。これを「イカ・青ジソ組」と呼ぶ。グリーンピースはさやごと沸騰した鍋の湯で10分間ゆでて火を止め、そのまま1時間放置し、冷ましてから実を取り出す。実が縮んでしまうので、決して急冷しないこと。

茶碗3杯ぐらいの量の炊いた飯に、グリーンピースを加えて優しく混ぜ、全体に散らばるような豆飯をつくる。盛り付けは丼に豆飯を七分目ほど盛り、その上に「オクラ・長芋組」と「イカ・青ジソ組」を半々に分けてのせ、出来上がり。

その緑丼のなんと高尚で美しいことか。丼の半分はオクラと枝豆、とろろの淡い緑色、一方の半分は白く透明なイカと青ジソの緑色。

それではいただきましょうかと、左手に丼を持ち、右手に箸を持って丼の縁を唇に寄せて、まずは「オクラ・長芋組」から豆飯とともにトロトロと啜り込むように口に入れて噛んだ。すると枝豆が歯に当たってホクホクとし、上品なうま味とかすかな甘み、ペナペナとしたコクが湧き上がってきた。そして口全体にオクラととろろのトロトロ、ツルツルとしたなめらかさが広がり、淡い甘みが湧き出す。さらにグリーンピースも歯に応えてポクリ、ポクリと潰れていき、そこから妙なるうま味が表れてきた。ホコリ、ムチリとした飯は、噛むむにつれて耽美な甘みと優しいうま味がチュルチュルと出てくる。それらをトロリンコ、ツルリンコとのみ込んだが、かみかみしている間、オクラから出てきた爽やかな緑の香りが鼻孔から抜けていく。

次に「イカ・青ジソ組」を豆飯とともに啜り込んで噛み始めた。まずイカが歯に応えてシコリ、コキリ、ムチリとし、そこからイカの刺し身特有の甲高いうま味と優雅な甘みがジュルジュルと流れ出してくる。青ジソからもこれまた緑色をした爽快な香りが鼻孔から抜けてきた。

こうして「オクラ・長芋組」と「イカ・青ジソ組」を豆飯とともに交互に啜り込んで込んでいると、オクラと長芋からのトロトロ、ヌラヌラ、スベスベのためにどんどん胃袋めがけてすっ飛んで入ってしまい、気がついてみると丼はあっけなく底をさらけ出すありさまだった。

第3章
# 秋の食卓

# 俺流サバの味噌煮
## 茜色の身　白ワインと

秋口に入ると、またもやサバ（鯖）料理の話題を多く耳にする。青もの大衆魚では夏までアジ（鯵）が脂肪を乗せて旬の声高く、秋はいよいよサバの出番と相成るのである。サバとくると塩焼き、一夜干し、竜田揚げ、〆サバ、サバ棒鮨《すし》などいろいろあるが、我が輩は昔からよく食べてきた味噌煮が大好きで、新鮮なサバを買ってきて、切り身にして料理する。いつもいつも、同じ料理法と味付けでつくって食べても、この味噌煮だけは飽きの来ない食べ方だと思っている。しかし、たまにはちょいと浮気心も湧いてきて、時々味噌ケチャップ煮で賞味しているが、これがなかなか美味しい。

新鮮なサバ2尾を三枚におろし、おろし身を半分に切り分ける。こうすると切り身は8切れとれるから、これで4人分がつくれ1人2切れも食べられる。サバは皮側に浅く切り目を2本ほど入れ、サラダ油を引いたフライパンで両面を中火でじっくりと焼き上げる。ここでしっかりと焼いておいてから煮ると、生臭みはまったく出てこなくなる。

サバ全体に焼き色が出て、皮がパリパリッとしたら鍋に入れ、タレ（水1カップ、酒とトマトケチャップ、醤油、味噌をそれぞれ大さじ3、砂糖大さじ2、味醂大さじ1を混ぜ合わせたもの）を加え、さらに万能ネギ（1束を3センチぐらいに切ったもの）も加え、中火でコトコト煮る。煮汁が煮詰まってトレトレ、ドロロロとしたところで火を止め、出来上がりである。

その煮サバの何と美しいことか。全体が味噌とトマトケチャップに染められて、夕陽をもっと赤くしたような濃いめの茜《あかね》色に仕上がっていて、そこに万能ネギの薄緑色が彩る。それではいただきましょうかと、取り皿に分けて取ったサバの身の背側の方に箸を入れ、そこをぐっとほぐして食べた。

すると瞬時に熟れた味噌からの豊満な発酵香と、トマトケチャップからの太陽の匂いのような日向香《ひなたか》が鼻孔から抜けてきた。それを噛んでいくと、ややポクポクとした身の中から濃いうま味がジュルジュルと湧き出してきて、そこに味噌のうまじょっぱみや、ケチャップの爽やかな酸味などが加わって絶妙であった。

次にやわらかい腹側の方に箸を入れて食べてみると、身はペトペトとしてやわらかく、そこからコクのある脂肪がトロトロと溶け出してきて、それに混じって優しいサバのうま味がチュルチュルと湧き出してくるのであった。

これは直ぐに飯のおかずにしてしまうのはもったいないと、急いでさっぱりした辛口の白ワインを用意した。チリ産シャルドネワインで、値段もリーズナブルなものである。こうしてそのワインをコピリンコとひと口飲むと、瞬時に鼻孔から爽やかなワインの芳香が抜けてきて、口には酸味とアルコールの辛みなどが広がってきた。

これはよく合うなあと、それからしばらくの間はサバを箸でムシャリンコ、ワインをグラスでグビリンコして楽しんだ。味噌料理とワインはミスマッチではなかろうかというひともいるだろうが、そうではなく、とても相性がよかった。きっとトマトケチャップの存在のためなのかもしれない。

## 椎茸うどん
### 迫力 新鮮かつ強健な匂い

椎茸をこれまでの人生を通して常に好物として食べてきたのは、幼少のときからの食歴なのであろう。山の管理をしてくれていた人が椎や櫟《くぬぎ》、栗、楢《なら》などのほだ木に椎茸の菌糸を打ち、それを栽培して沢山我が家に届けてくれたのである。

当時よく食べていた方法は、焼いて熱いうちに塩をかけたり柚醤油《ゆずしょうゆ》で食べたりする簡単なものから、本格的に煮物や天麩羅でいただくものなどあって、とても美味しかった。そして今一番好きな食べ方は、肉厚で大きめの生椎茸をバターとニンニクで焼いた「椎茸のガーリックステーキ」で、これをつくってシャルドネ系白ワインの肴にすることである。これを一度に4～5枚焼いて、ワインをコピリンコしながらペロリして味覚極楽へ超特急というわけだ。

昼飯時に家にいて、原稿などを綴《つづ》っているときによく食べる「俺流椎茸うどん」は、極めて簡単な上に大層美味しいのでいつも重宝している。近くのスーパーマーケットから、週に1度の割で買ってくる茹でた太めの玉うどんと生椎茸を冷蔵庫に買い置きして、昼になると鍋に市販のめんつゆを指示通りに水で薄めて煮汁とする。その汁に軸を取り少し厚めに千切りした生椎茸（中型2個）を加え、さっと煮立ててから、そこに玉うどん（1玉）を投入。あと少しぐつぐつと煮てから丼に移して出来上がりである。10分もあれば十分だ。

丼に盛ったその椎茸うどんはなかなかの迫力である。椎茸の傘の部分の濃い褐色と、それを支える肉質部のクリーミーな感じの乳白色が美しく、それが丼の表面全体にちりばめられていて、その下に飴色に染まったうどんが見え隠れしている。では食べましょうかと、左手に丼を持ち、右手に箸を持って、先ず丼を鼻に近づけ匂いを嗅いだ。すると瞬時に生椎茸の瑞々しい芳香が、煮汁の醤油の匂いとともに鼻孔から抜けてきた。とりわけその椎茸の匂いは新鮮かつ強健で、どことなく澄んだ空気に囲まれた製材所の鋸《のこぎり》ミル付近から漂ってくる快香のように思えた。

その丼の縁に唇をそっと付け、先ずは汁をズズーッと啜った。すると口の中は瞬時に熱くなり、そこから椎茸の優雅で品のよいうま味と芳香とが舌と鼻孔に押し寄せてくる。次に太めのうどん2〜3本を箸でつまみ上げ、口に運んで啜り込んだ。うどんはツルツルツルと滑るように口に入ってきて、最後にピロンと小さな音を立てて口に収まった。それを噛むと、うどんは腰がしっかりしていてムチムチ、モチモチと歯に応え、そこから微かな甘みとうま味とがチュルチュルと湧き出してくる。それをうどんに絡みついていた煮汁からの椎茸のうま味と芳香、うまじょっぱみなどが包み込んで絶妙であった。

こうして生椎茸の香味とうどんの絡み合いを余すことなく賞味し、大いに満足するのであるが、最後に丼には椎茸のうま味をたっぷりと吸った汁が残る。我が輩は、いつもその残汁に削り立てのカツオ節をパラパラと撒き、その上から熱湯を注いで「蕎麦湯」ならぬ「うどん湯」をいただくのである。するとその湯には椎茸とカツオ節の香味が融合して混じり合い、最後の一滴まで我が大脳味覚受容器を充満させるのである。

# ナス定食
## 味噌汁、ステーキ、糠漬けも

「秋ナス（茄子）は嫁に食わすな」という諺は意地の悪い姑の言葉ではなく、秋ナスは美味すぎて過食しがちとなり、健康を害する心配もあるから控えめに食べなさいという大切な嫁への愛情だという。

そんなことは別として、やはりナスはいつ食べても美味しい。我が輩はナスが大好物で、恐らく野菜類の中では一番大好きな食材だと思っている。そのため、かなり頻繁にナス料理は食べてきているが、そこで気付いたことはナスは素朴な料理法ほど美味しいということである。

先ずは「ナスのステーキ定食」。へた（蔕）を取ったナス（2個）をよく洗い、水気を拭きとってから縦2つに割り、皮面に浅く3本の切り目を入れ、それをフライパンに引いたサラダ油で両面を返しながら焼く。しんなりと焼けたら皿に盛り、その脇に多めのおろしショウガ（生姜）を添えてナスステーキの完成。

味噌汁は縦2つに割ったナスを横幅1センチぐらいの厚さに切り分け、それを具にしてダシ汁で煮、そこに長期熟成味噌を溶かし入れた「ナスだけの味噌汁」である。香のもの（漬物）は、いつも漬けている「ナスの糠《ぬか》漬け」を3切れほど。これで定食が完成した。

その定食は見た目は素朴だが、ナス好きにとっては豪華さに溢れている。大きめの白磁の平皿にナスのステーキが4枚もテカテカと光沢を放ってのっていて、その脇には真っ白の炊きたてのご飯が茶碗に盛られている。またその隣の椀にはべっ甲色の味噌汁の中にナスの幾片かが漂っていて、さらに小皿には皮側が高尚な紫紺色に染まり、身の方は淡い黄色を帯びたナスの糠漬けが置かれているのである。

我が輩のようなナス好きにとって、この美しいほどの定食を見て豪華だと思わぬ者は居《お》りますまい。

それではいただきますと、先ず味噌汁の椀を左手に持ち、右手に箸を持って尖《とが》らせた唇に椀の縁をそっと当てて汁を啜った。瞬時に味噌の熟した発酵香が鼻孔から抜けてきて、口の中には味噌汁の濃いうまじょっぱみとナスから出た微かな甘みが広がってくる。

次にナスのステーキの上におろしたショウガをざっと広げ、その上から醤油をかけ、そのステーキの1枚を真っ白いご飯の上に置いてじっくりといただく。

先ずナスのステーキを食べる。ナスは焼かれてヘタヘタとやわらかく、それを噛むとフワワ、トロリとして、そこからナスの気品の高いうま味と甘みとが湧き出てくる。次にナスのステーキを飯と一緒に食べた。すると今度は、そこにショウガのピリ辛、醤油のうまじょっぱみ、焼き油からのペナペナとしたコクなどが絡まり合って、もはや口の中は収拾のつかないほどの美味の乱舞が繰り広げられるのであった。

そして、それらの激しいほどの美味しさを、ナスの糠漬けの1片が見事に治めてくれるので、以後は何度もこの美味の混乱を楽しめたのである。とにかく我が輩はナスという食材一つでこれほどの食のエクスタシーを感じられるのだからお安くできている。だけどこれを逆に考えてみると、ナスほど力量と底力を持ち、即妙に長《た》けた野菜は稀《まれ》だということになるのである。

# 里芋のイカ腸煮

## 赤銅色の肝　濃厚な味

「中秋の名月」というのがある。旧暦8月15日の月のことで、この日は月見団子といっしょに、掘りたての里芋を皮付きのまま蒸して供える風習もあり、そのため「芋名月」ともいうのである。

福島県の小さな田舎町に育った我が輩は、秋になると里芋を毎日のように食べさせられた。最もシンプルな食べ方は「衣被《きぬかつぎ》」といって、里芋の子芋を皮付きのまま茹で、熱いうちに指で皮をむき、つるんと出てきた中身に塩を振って食べた。ぬったりとした食感で、そこから甘みがトロトロと出てくるのであった。

祖母の得意は御存知「煮っころがし」であった。皮をむいてから砂糖と醤油、味醂、酒で甘じょっぱく煮付けたもので、とても素朴なうま味があって忘れられない懐かしい味である。また姉のつくった「里芋の味噌炒め」も、秋にとてもよく似合った料理であった。

生前の姉から教わったレシピは皮付きの里芋（700グラム）を一度煮る。煮えたら粗熱をとってから皮をむき、好みの大きさに切る。熱したフライパンに油を引き里芋を炒め、ダシ汁（大さじ4）、味噌（大さじ2）、砂糖（大さじ2）、味醂（大さじ1）を加えてさらに炒めながら味噌が全体に絡まったら完成である。

我が輩は時々この味噌炒めをつくって食べるのであるが実に美味しい。口に含んで食べると、里芋はホコホコキョロロとし、歯に潰されると今度はネチャネチャとして、そこから耽美なほどの甘みと淡いうま味とが湧き出してきて、炒め油のペナペナとしたコクが包み込み、全体に味噌のうまじょっぱみが絡みついて、頬っぺた落としの味がした。

我が厨房「食魔亭」で、絶大な人気を誇る里芋料理は「里芋のイカ腸《わた》煮」である。ご飯のおかずにも酒の肴にもよく合う。小ぶりの生イカ（5杯）をよく水で洗ってから胴体と足を分け、胴体から出てきた内臓のうち腸（コロともいう肝）を上手に取り出す。それに付着している細くて黒い墨袋は潰さずに取り去る。胴身は皮をむかずにそのまま筒切りし、ゲソ

（足）のイボイボは指でこそぎ取ってからぶつ切りにする。

あらかじめ煮ておいたひと口大の里芋（約10個）と切ったイカを深めの鍋に入れて火にかけ、イカの色が変わってやや硬くなってきたら、そこに腸（5杯分）を指でしごきながらドロドロの肝を絞り出し、さらにダシ汁（200ミリリットル）、醤油（大さじ2）、砂糖（大さじ2）、酒（大さじ2）、味醂（大さじ2）を加えて、よく混ぜ合わせてコトコトと煮る。汁をやや多めに残した具合で火を止めて出来上がりである。

イカと里芋は肝に染められて赤銅色となり、実に神秘的である。先ず里芋を1個、口に含んで食べると、ホコホコ、ペトペトといった歯応えがして、そこから里芋特有のやや甲高い甘みが出てきて、それが肝の濃厚なうま味とコクに包まれて絶妙である。一方、イカはムチムチ、シコシコと歯に応え、そこからはイカしか持たない奥の深い濃いうま味と甘みが出てきて、その甘みに里芋の甘みが重なって、こちらも頬っぺた落としの味がした。鍋に残った里芋とイカ腸の煮汁を、丼飯にぶっかけて食べると、あまりの美味に誰もが歓喜し、悶絶すること間違いいない。

# 秋の海鮮散らし寿司

## 貝やマグロのお花畑

孫娘を中心に家族の者たちが、久しぶりにじいじ（我が輩のこと）の散らし寿司《ずし》が食べたいと言うものだから、我が厨房「食魔亭」で俺流の「秋の海鮮散らし寿司」をつくり、皆に賞味させてやった。

先ず近くのデパートの地下食品売り場の鮮魚コーナーに行って、秋に美味い魚介を物色した。すると、さまざまな寿司種がそれぞれにパックされて売られていた。今は便利になったものだと感心しながら、その中から酢〆のコハダ、中トロのマグロ、小柱、皮むきのスミイカ、蒸したクルマエビ、錦糸卵を選び、また同じフロアの野菜売り場へ行って絹さや（さやえんどう）を買った。

多めに8人前をつくった。先ず温かいご飯（1・4キロ）を水で少し湿らせておいた大きめの寿司桶《おけ》に入れ、そこに酢（大さじ4）、砂糖（大さじ4）、塩（小さじ1）を混ぜ合わせた調味酢を振りかけ、しゃもじで切るようにして混ぜ合わせる。粗熱が取れたら布巾をかぶせて酢飯とした。マグロ（1柵）は2センチ角の賽《さい》の目に切り、酢〆のコハダ（10枚）とスミイカ（1パック）は方寸の角切りに、クルマエビ（8本）は殻と頭、足、尾、背わたを外してから2センチ幅のぶつ切りにする。小柱（1パック）は塩水でさっと洗ってから直《す》ぐに水を切り、水気を拭きとる。絹さや（15枚）は塩茹でにしてから水にさらし、水気を切って細長く半分に切る。

寿司桶に入れた酢飯の上全面に、隙間がないぐらいに錦糸卵（3パック）をびっしりと撒き、その上に切り分けた魚介類を彩りよく配置する。さらに絹さやもあちこちに散らすのである。こうして出来上がったその散らし寿司の美しさは只者《ただもの》ではなく、正《まさ》に創作美色の極みに尽きるほどのものであった。真っ白い酢飯の全面に黄色の錦糸卵がふわふわとかぶさり、その上にエビの紅白、イカの純白、コハダのゴマ斑点、マグロの赤、小柱の橙《だいだい》色、絹さやの鮮やかな緑などが所狭しと散っている。あたかもそれは百花繚乱《りょうらん》のお花畑のようである。

それでは皆でいただきましょうと、代表して我が輩が竹べらで寿司の一部をごっそりとすくい取り、小皿に移して食べてみせると、皆も一斉にそのようにした。それを口に入れて噛むと瞬時に酢飯の甘酸っぱい匂いが鼻孔から抜けてきて、口の中ではマグロはトロリ、小柱はポテリと歯に当たり、イカやコハダはシコリとし、エビはポクリ、錦糸卵はフワワと歯に応え、そこからそれぞれの魚介のうま味や甘みがチュルチュル、ピュルピュル、ジュルジュルと湧き出してきて、そこにホクホクとした酢飯からの爽やかな酸味と耽美な甘みが参入してきて、またもや頬落舌踊の境地に陥ったのであった。

一緒に食べた皆も、この美しくも美味しい秋の海鮮散らし寿司に大喜びで、またやりましょうなどと言われると、我が輩の腕もまんざらではないなあと確信したのであった。今、街のあちこちの寿司屋や食堂には「海鮮丼」というのがあるが、本来これは酢飯ではなく、丼に盛った普通の白飯の上に魚介類をのせたものである。実は先日、偶然に入った海辺の食堂で海鮮丼を頼んだら酢飯の上に魚介がのっていて、これじゃ海鮮寿司丼だなあと思った。

# 酸味喜悦のイワシ料理
## 濃厚爽やか燗酒と

千葉県銚子市で講演を頼まれ、それが終わって東京行きの特急「しおさい14号」までは、まだ1時間半もあった。よしよし、これ幸いと駅近くの居酒屋に入って一杯ひっかけて帰ることにした。

小さな店だが品書きを見ると、猫よりも魚好きの我が輩が諸手《もろて》を挙げて万歳三唱するほど魚料理ばかりの嬉しい居酒屋だ。その垂涎《すいぜん》の料理の中に「イワシ（鰯）3点コース」という有り難いものがあった。出てきたのは「イワシ刺し身」と「イワシの酢煮」と「イワシの竜田揚げ」だった。全てが誠にもって美味だったのは、鮮度抜群の真イワシであったのと、イワシが我が輩好みの中羽《ちゅうば》の大きさだったからであろう。

その3点セットの中で特に気に入ったのは酢煮だった。頭と尾を付けたまま腸を抜いて筒切りし、酒と醤油、砂糖、味醂、酢、刻みショウガで甘じょっぱく煮付けたものだというが、イワシの濃厚なうま味と脂肪からのコクを、酢の酸味が爽やかに包み込んでくれて秀逸な味がした。

東京の自宅に帰っても2~3日の間、まだそのときのイワシのうま味と酸味とのバランスが脳裏に残存していたので、それでは我が輩もつくりましょうかと、イワシの梅干し煮をつくった。近くの地下ショッピングセンター鮮魚売り場に行き、「刺し身でもどうぞ」といった超新鮮真イワシを8尾買ってきた。内臓を取り去ってから、濃いめの塩水の中で鱗《うろこ》をしごくようにして洗い落とし、ザルに上げて水を切る。

イワシを一並べに入る鍋に入れ、そこへ醤油(大さじ5)、砂糖(大さじ2)、味醂(大さじ2)、酒(大さじ1)を合わせた煮汁を加え、さらに薄切りショウガ(5枚)と梅干し(大きめのもの4個)も入れてから、番茶をひたひたになるぐらい注ぎ入れ、蓋をせずに火を付け、煮立ち始めたら弱火にする。アクをすくい取りながら、時々鍋を傾けて煮汁をすくい掛けながら約30分間煮て、火を止めたらそのまま冷ます。

大皿にイワシを崩さないようにしてそっと盛り合わせ、煮汁をかけ、梅干しを脇に添えて出来上がりである。その姿、なかなか迫力がある。イワシは背は黒、全体は白銀色のまま煮汁に染められて淡いべっ甲色となり、真っ赤だった梅干しは濃い茜色に染まっている。この肴にはいつも純米酒の辛口を当てているので、それに熱めの燗をつけ楽しんだ。

イワシの身の真ん中辺りに箸を付け、ふわりと身をむしり取って食べた。すると口の中にはイワシの身の濃厚なうま味と脂肪からのコク、煮汁のうまじょっぱみ、梅干しからの爽やかな酸味が広がり、鼻孔からは何らの生臭みも感じられず、微かにショウガの快香と梅干しの日向香《ひなたか》が抜けてくるのであった。

その濃厚にして爽やかなイワシをじっくりと味わってから、次に燗酒を口に含んだ。瞬時に鼻から馥郁《ふくいく》たる日本酒の匂いがプッと抜けてきて、口の中には甘みと酸味と辛みとコクとが広がる。それをコピリンコと呑むと、熱い酒は喉を急いで下って胃の腑《ふ》に着き、周辺をジュワワーンと熱くした。その余韻を味わってから、次は梅干しを食べてみた。するとあの鋭いほどの酸味は丸くおだやかになり、全体がイワシの濃いうま味に染められて奥の深い味わいを放っていた。

## 白ワインとマグロのカルパッチョ
### 濃厚なうま味に力強さ

魚の刺し身、とりわけ赤身の刺し身はワインに合わないというのが大方の意見のようだが、決してそうではないのがマグロの赤身のカルパッチョである。ややライムやジャスミンの香りを持つ、ソーヴィニヨン・ブラン種を原料にしたニュージーランド産の白ワインが手に入ったので、それで飲《や》ることにした。涼しさと爽やかさを感じさせる酸味の辛口酒だというので、きっとマグロのカルパッチョに合うと考えたのである。

カルパッチョはイタリア料理の前菜で、生の牛肉や魚介類を薄切りにして、それにオリーブオイルやソースをかけたものである。先ずマグロの赤身を買ってきた。赤身で柵取りされているもの200グラムである。

それを薄く切り分けていき、大きめの平皿に円を描くように並べていく。次に青ジソの葉（5枚）を千切りにして、水に一度放してからよく水を切ったものを刺し身の円の中心部に配置する。刺し身にかけるドレッシングは、練りワサビ大さじ半分、醤油大さじ2、オリーブオイル大さじ1を合わせたものである。

食べる直前にドレッシングを刺し身に回しかけ、スダチ（酢橘）を4つに切り分けたものを上から搾りながら回しかけて出来上がりである。料理を始めてから15分で終了となる。

ニュージーランドのソーヴィニヨン・ブランは、よく冷やしておいた。ワイングラスに注ぐと、かすかに緑がかった淡黄色が冴えていて光沢を放っている。匂いを嗅ぐとレモンあるいはライムの柑橘系、さらにはレモンバームかバジルのようなハーブ系の香りも感じられ、不思議で魅力的な香りのするワインである。そっと口に含んでテイスティングしてみると、爽やかな酸味と、確かに辛口であるのだけれど、果物に共通するかすかな甘みも印象的である。

さて、マグロの刺し身にドレッシングをかけ、上からスダチを搾り込んでいよいよワインを楽しむことにした。先ずそのカルパッチョの美しいこと。白磁の大皿に盛ったのだけれど、その白を背景にマグロの赤が鮮やかに冴えていて、その中央に配された青ジソの緑が爽やかである。

先ずワインをコピリンコと飲んだ。とたんに口の中は、酸味とアルコールの快い辛みでホワワンとなり、それが喉を急速に下っていって、胃の腑の周辺に着くと、その辺りをジュワワーンと熱くした。箸でカルパッチョを2、3枚からめて取り、それを口に運んでムシャムシャと噛んだ。するとマグロは歯に応えてネトリ、ペトリとし、そこから濃厚なうま味がジュルジュルと出てきて、そこにワサビ醤油のうまじょっぱさが合流して、さらにオリーブオイルのペナペナとしたコクが全体を包み込んで、絶妙であった。

カルパッチョをゴクリンコと飲み込んで、再び白ワインを口に含んで、モグモグさせながら味わった。あっという間にカルパッチョの味は口中から消えて、ワインの力強い風味に置き換わった。我が輩が思った通り、このワインにはカルパッチョが正解だった。

# キノコの飯にキノコ鍋

## 6種競演楽しく

今、街のスーパーマーケットに行くと人工栽培のキノコが所狭しと売られている。シイタケ、エノキダケ、ホンシメジ、マイタケ、ナメコ、マッシュルーム、エリンギなど枚挙にいとまがない。

天然野生のキノコと比べると味や香りは幾分引けを取るものの、キノコ好きにとってはいつでも手に入るので重宝である。

我が輩も、小さいときからキノコをよく食べていた履歴もあって、今でも大好物である。そして秋のこの時期になると、巡りめぐって今年も無性にキノコが食べたくなる。そこで最初につくるのは簡単な炊き込み飯である。

シメジ（1パック）を買ってきて、石突きを除き、1本ずつに離し、酒（大さじ2）、ダシ汁（カップ半分）、醬油（大さじ2）で煮ておく。米（400グラム）は洗ってから1時間水切りし、水（3カップ）と煮ておいたシメジと煮汁、細く切った油揚げ（2枚）と混ぜて炊き上げて「シメジご飯」の出来上がり。

それをご飯茶碗にふわわと盛ると、ご飯の淡い茶褐色にシメジの傘の濃褐色と柄の乳白色が、地味な粋さを見せてくる。

それではいただきますと、ご飯茶碗を左手に持ち、右手に持った箸で口に入れ、噛む。すると瞬時に、炊き込みご飯特有の食欲をそそる淡い醬油の香りと飯からのほのかな甘い香りが鼻孔から抜けてきて、さらにそれらを包み込むように今度はキノコ特有の野趣を思わせる香りも抜けてくる。口の中では飯からの耽美な甘みが湧き出してきて、コリリ、シャキリとしたシメジからは奥の深いうま味がチュルチュルと湧き出してきて、さらに油揚げからのペナペナとしたコクも加わって、とても素朴な妙味を味わった。

一方、我が厨房「食魔亭」のキノコ鍋はとても豪勢である。使うキノコはシイタケ、マイタケ、エリンギ、エノキダケ、シメジ、ナメコの6種。各1パックずつを買ってくる。そのほかに豚バラ肉薄切り（450グラム）、絹ごし豆腐（２丁）、モヤシ（１袋）。

シイタケは石突きを外した傘を４等分のそぎ切り、エノキダケは根元を切ってほぐす。シメジとマイタケは小房に切り分け、エリンギは縦二つに切ってから、さらに縦に４等分に切り、豚肉は食べやすいように小さく切り、豆腐はひと口大に切る。

土鍋にダシ汁（１リットル）を入れ、酒（半カップ）味醂（大さじ４）、醤油（大さじ４）を加え、火にかけ、煮立ったら豚肉、キノコ類、豆腐、モヤシを加え、全般に火が通るまで煮て出来上がり。

これを椀に取り、先ずお目当てのキノコ類を食べる。キノコは種類によってコキリ、シャキリ、ポクリ、ヌタリとして、そこからそれぞれのキノコの持つうま味と香りが湧き出してきて、とても楽しい。それらのキノコは豚肉からの濃いうま味にも染められ、また豚肉の脂肪からのペナペナとしたコクにも包まれて誠にもって美味しい。

鍋の中の具が３分の１くらいまで減ったところで、用意しておいたゆでたうどんを加え、今度はそのうどんを鍋から引っぱり出しながら、残りのキノコを食べるのも楽しく美味しい。薬味には七味唐辛子がよい。

# ヤリイカのオリーブ焼き

## 美味さが止まらない

日本近海のヤリイカ（槍烏賊）は、外套膜《がいとうまく》（脚部を除く円錐《えんすい》形の胴体部）が40センチもあるが、カリフォルニアヤリイカ（加利福尼亜槍烏賊）はせいぜい15センチとずっと小ぶりである。アメリカの南カリフォルニア沖に群生しているのを、夏に漁船が出漁し巻き網で一網打尽にする。網からポンプでヤリイカを吸い上げて船上の漁槽に移し、港へ直行、船が戻ると陸上加工所へ急送、凍結してから日本に送る。日本の加工会社はこれをボイルし、販売先のスーパーマーケットなどがそれを小分けしてパックやザル盛りにして店頭に並べる。

つまりスーパーなどに並ぶボイル済みの赤色をした小型のイカ、あれがカリフォルニアヤリイカである。ところが中には、ボイルしないで凍結のまま入ってきて解凍後、生の身で売られているものもある。格安でとても美味いので、我が輩はこれを買ってくると大概はオリーブ焼きにする。イカの身には脂がほとんどないので、焼くときはオリーブの実とオイルで焼くのが一番で、またこうするとワインにも焼酎にもウイスキーにも合う。

カリフォルニアヤリイカ（以下、ヤリイカと略す）8杯は足を抜いて腸と目玉を取り、洗ってから胴の皮をむく。水気を拭いて塩、コショウを振る。ニンニク（2かけ）は薄切りにし、ライプオリーブ（市販のもの3個）と赤ピーマン1個は粗くみじん切りにする。フライパンにバター（大さじ1）を溶かし、オリーブと赤ピーマン、酢漬けのケッパー粒（大さじ2）を加えて炒め、取り出す。

そのフライパンにオリーブオイル（大さじ3）を熱し、ニンニクを炒め、強火にしてヤリイカを入れて焼き、そこにブランデー（大さじ3）を振って炒め続け、アルコール分を飛ばす。そこに炒めておいたライプオリーブなどを戻し、刻みパセリ（大さじ1）を加え、手早く混ぜて4人分の出来上がりである。

大きな深めの平皿に、そのヤリイカのオリーブ焼きを盛ると、甚だ豪華である。べっ甲色のイカがオリーブ油に染まって光沢し、そこに点々と深緑のケッパー粒と黒紫色のライプオリーブが散り、その全体に赤ピーマンの赤色が広がって、さらにパセリの緑が散らばる。

それではいただきましょうかと、取り皿に先ずヤリイカ1杯を取り、直ぐさまガブリと噛みついて半身ほど口に入れた。するとイカはポクポク、シコシコと歯に応え、どんどん噛んでいくとそこからイカ特有のきめ細かいうま味と上品な甘みとがチュルチュル、ピュルピュルと湧き出してくる。そこにオリーブオイルやバターなどからのペナペナとしたコクが押し上げてきて絶妙だ。なおも食べ続けると、イカとイカの身の間から甘酸っぱいケッパーの実や、ライプオリーブの深みのある味などがアクセントとなって囃し立ててきて、もうどうにも止まらなくなる。

そこに冷やしておいた白ワインを持ってきて、グラスに注いで飲んだ。ワインは、口の中に入って我が輩の舌の上や口中に爽やかな酸味と快い辛口を滲み通らせ、それをコピリンコと飲み込むと、口の中は何もなかったようにさっぱりとした。そこで2杯目のイカをまたもやガブリンコし、それをムシャリンコし、ワインをグビリンコした。

# 厚切りハムのワインステーキ
## なんと美しい風景か

ハムは豚肉を塩漬けしてから、それを燻《いぶ》して燻製《くんせい》にした保存食品である。日本では長崎大浦の片岡伊右衛門が明治5（1872）年、長崎に来遊したアメリカ人によって製法を伝授され、同年に工場を建設して製造を開始したのが最初である。その2年後、神奈川県鎌倉郡（現在の横浜市）においてイギリス人のウイリアム・カーチスが加工に着手し、それを受けて斉藤満平、益田直蔵らが創業の許可を取得、正式にハム製造を開始した。これがいわゆる鎌倉ハムの起源となって、日本人に普及、定着させた。

そのハムは、今や日本人には当たり前の食べものになり、サンドイッチやオードブル、サラダ、マリネなど主に生食のまま使われている。日本人がハムを加熱して食べるものの代表に「ハムエッグ」があるが、本場のドイツやフランスなどでは煮込みやステーキ、カツレツなど加熱調理して美味しく食べる方法が圧倒的に多い。

我が厨房「食魔亭」でも、「今夜はワインで一杯やるか」となると、身近に常備しているハムを使って簡単な肴をつくることが多い。そのときの定番のひとつが「厚切りハムのワインステーキ」である。

4人分をつくる。ボンレスハム（厚切り4枚）は熱湯にさっと通してから水気を拭き取る。ジャガイモ（2個）を茹で、皮をむいて熱いうちに裏ごしにかける。鍋にバター（大さじ2）を溶かし、そこにジャガイモを入れ、牛乳（カップ半分）を加え、少しの塩とコショウを加えて味を調える。

ホウレンソウ（半束）は色よくさっと茹で、4センチほどの長さに切り、フライパンのバター（少々）で軽くソテーする。ニンジン（100グラム）は1センチの厚さに輪切りし、さっと湯煮し、フライパンのバターでソテーする。

さらにバター（大さじ2）を溶かし、ハムの両面をさっと焼き、料理用赤ワイン（大さじ2）を振りかけ、塩、コショウをする。温めておいた皿にハムを盛り、焼き汁をかけ、脇にマッシュポテト、ホウレンソウとニンジンのバター炒めを添えて出来上がりである。ハムの厚さは1・5センチから2センチぐらいだけれども、好みの厚さに切ってよく、また赤ワインは気軽に使えるものなら何でもよろしい。

皿に盛ったそのステーキは実に風格がある。白磁の皿の中央に赤銅色の厚いステーキがデンと腰を据え、それを取り囲むように淡黄色のマッシュポテト、夕陽を思わす茜色のニンジン、緑鮮やかなホウレンソウ。なんと美しい光景か。

左手にフォーク、右手にナイフを持ち、先ずステーキを大きめに切って口に入れて噛む。するとハムはムッチリ、モッチリと歯に応え、そこから濃厚なうま味とバターからのコクが湧き出してきて、それをワインからの優しい酸味が撫でてくる。その美味をしっかりと味わい、ゴクリンコと顎下に呑み下し、ここでとっておきの赤ワインを口に含み、モグモグと唎《き》いてからコピリンコと顎下へ送った。すると口の中には、再び静寂が戻り、ここでマッシュポテトをトロリといただく。こうして我が輩の舌の上を、うま味と酸味と甘みが交互に滑っていくのであった。

# 小柱の天丼
## ムシャムシャかっ込む

大型の貝であるタイラガイ（タイラギ）の貝柱は大きく、市場では「柱」といえばおおむねこれを指す。これに対し小型のアオヤギ（バカガイ）の貝柱は小粒で、これを市場では「小柱」と呼んでいる。コバシラは刺し身、酢のもの、和えもの、寿司ダネなど主として生食されるが、天麩羅や吸いものの実、バター炒め、チーズグラタンなど加熱調理にも使われる。

ＪR品川駅名物の「品川貝づくし」弁当は我が輩の大好物で、全国の駅弁の主座にあるほどだ、とはかねがね私の持論。アサリ、シジミ、ホタテ、ハマグリなどの中で、ゴロゴロと散らばっている淡黄色の美しいコバシラの存在は眩しいほどである。

そのコバシラは、デパートの魚売り場でもスーパーでも、ネット取り寄せでも今はパックされて売られているので実に重宝だ。生のままも、ボイルされたものも、冷凍ものも自由に手に入る。我が輩は大概は生のものを買ってきて大好物のかき揚げをつくり、それで天丼をつくる。

生のコバシラ（400グラム）を塩水で洗い、水気を切る。三つ葉（100グラム）は3センチのざく切りにする。揚げ衣は、卵（2個）と水で2・5カップとしたものをボウルに入れ、小麦粉（2・5カップ）を振るい込んでざっと混ぜ、コバシラと三つ葉を入れて軽く合わせる。鍋の油の温度が180度になったら、玉じゃくしを一度油に漬けてから具をすくい取って入れ、これを4回繰り返す。浮き上がったら箸で数カ所つつき、油をかけながらカラリと揚げる。4人前の出来上がりである。

その揚げたてのかき揚げの眩しいこと。淡い黄金色の衣の中に、深い山吹色のコバシラの粒が点々と散り、三つ葉の鮮やかな緑が彩りを放っている。もう我慢できず、その揚げたてを天つゆ（ダシ汁カップ1に醤油と味醂をカップ4分の1ずつ加えたもの）にくぐらせて食べてみた。口に入ったかき揚げは、先ず衣が舌にフワリ、ペトリとまとわりつき、次にコバシラがポクリ、ポクリと歯に応え、そこから貝特有の深奥で優しい甘みと高尚なうま味がチュルチュルと湧き出してくるのであった。

さて、そのコバシラのかき揚げのいまひとつの楽しみは、大好きな天丼でいただくことである。丼に温かいご飯を七分目ほど盛り、かき揚げを全面にのせ、タレ（ダシ汁1カップに味醂大さじ3、砂糖大さじ1、醤油大さじ4を混ぜ、火にかけて煮立ってきたら火を弱め、8分ほど煮詰めたもの）を回しかけて食べる。

ずしりと重い丼を持ち、箸でその天丼をざくりとほぐしてから、飯とかき揚げを交互に口にかっ込んでムシャムシャと食べた。すると鼻孔からは揚げ天の香ばしい匂いと重厚なタレの匂いが抜けてきた。口の中では、衣や三つ葉のサクサクした歯応えとコバシラのシコシコ、ポクポクとした弾みが快く、そこから優雅なうま味と耽美な甘み、そして揚げ油からのペナペナとしたコクが湧き出してくる。それを飯の上品な甘みと、ドロリとしたタレの甘じょっぱみが囃し立て、味覚極楽の気分に陥るのである。

# ナスの味噌炒め
## 簡潔、ご飯にぴったり

ナス（茄子）は数ある秋野菜の中でも、とりわけ日本人に馴染みが深く、煮もの、焼きもの、揚げもの、漬物など昔からさまざまな調理法で嗜好されてきた重要野菜である。

昔なら今ごろ、紫紺色の鮮やかな、見るからに滋味豊かな露地もののナスが出盛る候であるが、今は一年中市場に顔を出している通年ものの野菜となった。夢占いにも「一富士二鷹《たか》三茄子《なすび》」とあって大吉の兆とされ、また蕪村は「夢よりも貰《もら》う吉事や初茄子」（夢で茄子を見るよりも現実に初茄子をもらった方が吉事である）と詠んでいるなど、とかく話題の多い憧れ野菜である。

そのナスで最もシンプルな美味料理は「ナス焼き」であろう。フライパンに油を引き、二つに割ったナスをそこで焼き、おろしたショウガを薬味に醤油で食べる野趣ある食べ方である。そのナス焼きのときに、味噌を加えてやってみたら、これが非常に美味しいというので、それからというもの「ナスの味噌炒め」は代表的なナス料理となった。

我が厨房「食魔亭」でも、この食べ方は簡潔で美味しく、ご飯のおかずにもぴったりなのでよくつくる。

ナス（6個）はヘタを取って縦2つ割りにし、切り口に浅い切り目を入れて油（170度）で揚げる。豚バラ肉（120グラム）は小切りにする。

その豚肉を油（大さじ2）でよく炒めながら刻みニンニクと刻みショウガを少々加え、さらに豆板醤（小さじ1）と赤味噌（大さじ2）を加えながら混ぜてのばす。そこにナスを入れて炒め、酒（大さじ1）、スープ（カップ半分）、砂糖（大さじ1）を加えてひと煮する。最後に水溶き片栗粉（大さじ2）とゴマ油少々を加え、風味と照りを付けて出来上がりである。

それを小鉢に盛り、じっくりと見るともう涎を誘う。ナスは幾分黒色を帯びた紫紺色で、表面は油に染まってテカテカと光沢を放っている。その脇には、やや赤みを帯びた山吹色の豚肉が、ブヨブヨとした透けた脂身を抱えながらあちこちに横たわっている。そしてその全体を味噌の茜色がしっかりと染めていた。

先ずナスと豚肉をごそっと取って食べた。一度油で揚げられ、その後炒められたナスは、歯に噛まれるとペトペトとやわらかく、そこからナスの甲高いうま味や微かな甘みが湧き出してくる。

豚肉の正身《しょうみ》のところはシコシコとし、脂身の方はプヨプヨとしてそこからは濃厚なうま味とペナペナとしたコクが溢れて出てきた。そしてその全体を味噌ダレのうまじょっぱみと甘みとが押し上げ、さらに炒め油からのテレテレとしたコクが包み込んで絶妙であった。

それではこれをおかずにご飯を食べましょうかと、丼に温かい飯を七分目ほど盛り、その上からナスの味噌炒めをぶっかけて、ナス丼スタイルで食べた。左手に丼を、右手に箸を持ち、丼の縁に口をつけてガツガツと食べた。

そして、口に入ってきたナスと豚肉と飯を一緒にムシャムシャと噛むと、口の中では飯の甘みとナスと味噌ダレからのうまじょっぱみと甘み、脂と油からのペナペナとしたコクなどが一体となって混ざり合い、またもや美味の極地へと辿り着いた。

## クルマエビの香草焼き
### 弾む歯応え、至福の風味

クルマエビは大体15センチメートルぐらいが当たり前だと思っていたら、何と27センチもの超大型を愛知県田原市の知人が10尾も送ってくれた。そこで興味を持ち、エビに詳しい天麩羅屋の大将に聞いてみたところ、それだけ大きいのは大概はメスで、大車《おおくるま》と呼ばれるそうである。

クルマエビの最も美味しいものは15センチから20センチぐらいで、大きくなりすぎると味も劣ると大将。しかしせっかくの活エビなので、3尾を刺し身にして食べたところ、いやはやうまいのなんの。コリコリと歯に応え、味は甘くこってりとして絶妙だった。よし、これを香草焼きにしてみようと早速取りかかった。たまには焼いたエビを白ワインの肴にしたいなと、このところずっと思っていたからである。

我が厨房「食魔亭」では時々鶏肉や豚肉、スズキなどの香草焼きをつくり、酒の肴にする。酒には大概白ワインのソーヴィニヨン・ブランを充てている。このワインの香りはハーブやスパイスの香りになんとなく共通性を感じるからである。1本2500円ぐらいで気軽に飲める。

大型クルマエビ(5尾)は殻付きのまま背から包丁を入れて開く。オーブンの天板にオーブンペーパーを敷き、開いた身の方を上にして並べ、塩とコショウを少々振り、縦半分に切ってから斜めに薄切りしたレモングラス(1本)、ニンニクのみじん切り(大さじ1)を振る。そこに溶かしバター(大さじ1)を均等にかけ、約230度で8~9分間焼いて5人分の出来上がりだ。

これを1尾、白磁の平皿に盛り、その脇にペパーミント(ミント)あるいはレモングラスかアップルミントを添えて出す。クルマエビの殻の赤、身の黄金色、ミントの緑が目に冴えて美しい。

白ワインは少し辛口なので15度ぐらいに冷やした。左手にフォーク、右手にナイフを持ち、まずエビの尾の方から殻をめくるようにして外し、殻から離れた身の一部をナイフで切りとり、フォークで口に運んだ。瞬時にレモングラスとニンニクの快香と焼かれたエビの身と殻からの香ばしい匂いが鼻から抜けてきた。

そしてムシャムシャと噛むと、プリリ、コリリとした弾むような歯応えの中から、エビ特有の甲《かん》の高い甘みと優雅なうま味がチュルチュル、ジュルジュルと湧き出してきて、それをバターのペナペナとしたコクが囃し立て、口の中は至福の大騒ぎという平和な大混乱に陥った。これをゴクリンコと顎下にのみ下す。

ここで待ってましたとばかりに白ワインをコピリンコ、コピリンコ。ワインは我が輩の喉を一直線に下り、胃の腑に着くと、その辺りをジュワワーンと熱くする。そこでまたエビの身をムシャリンコ、ムシャリンコ。頭の方のエビみそ辺りは特有の濃いうま味とコクがあって絶妙だ。そうこうしていると、1尾目のエビはすっかり殻だらけ。2尾目に手を付け、3尾平らげた。選んだ白ワインと実に似合う料理であった。

# イワシのハンバーグ・ステーキ
## あっさり、心も健康気分

ハンバーグ・ステーキはひき肉に刻んだタマネギ、パン粉、卵などを加え、平たい円形にまとめて焼いた料理である。一説にはドイツのハンブルグの名物、タルタル・ステーキの系統をひくことからこの名があるとされている。豚肉と牛肉の合いびきでつくることが多いので、牛肉のひき肉だけでつくるのをジャーマン・ビーフステーキというそうだ。

だがここは日本、魚食の濃い民族の国であるから魚のハンバーグがあってもよろしいのだろうと、我が輩が厨房「食魔亭」でつくるのがイワシのハンバーグ・ステーキである。栄養バランスはいいし、イワシの濃いうま味が魅力的だし、飯にも合うし、酒の肴にもなるし、醤油でも楽しめるし、とにかく我が輩のようにイワシ大好物の者にとっては嬉しい食べものなのである。

真イワシの大羽か中羽6尾（大体500グラム）を使い、そのおろし身を包丁で粗くたたいて刻み、ペトペトにする。すり鉢に入れて粘りが出るまでする。そこにすりおろしたタマネギを大さじ2、ニンニクすりおろし（1かけ）、パン粉大さじ4、ショウガ汁大さじ1、レモン汁小さじ1、塩とコショウ少々を加えてさらによくすり混ぜる。そしてこれを8等分する。1つずつ丸めて空気を抜くようにしながら両手で平たい形につくり、油を引いて強火で熱しておいたフライパンでまず表面を焼き、裏に返したら弱火にして蓋をして3分間蒸し焼きにして出来上がり。

ソースはせっかく日本的なハンバーグなので味噌風味とする。味噌大さじ1、マヨネーズ大さじ2、トマトケチャップ大さじ1、レモン汁小さじ1。これを混ぜ合わせてから全体が均一になるようすり合わせる。

ハンバーグは全部で8個あるので、取り皿に1人2個取り分ける。すなわち4人分。それにソースをドロリとかけていよいよ食べる。

外見上は普通のハンバーグと違いはない。左手にフォーク、右手に持ったナイフで真ん中付近にざくりと切り目を入れ、崩れてきた一口大のものをフォークで刺して食べた。とても大きいのでモコモコしながらムシャムシャ噛んでいくと、ハンバーグはひと噛みするごとに潰れていき、ジュルリジュルリとイワシのうま汁が溢れるように流れ出てきて、誠にもってジューシー。鼻孔からはイワシがほどよく焦げてできた香ばしい匂いが快く抜けてくる。

次にハンバーグをソースとともにぐじゃぐじゃにほぐし、茶碗に盛った炊きたての飯の上にぶっかけて「イワシハンバーグ丼」を食べた。これがとても美味しく目からうろこであった。ハンバーグから湧き出たイワシの濃厚なうま味と、脂肪からのペナペナとしたコクが飯の耽美な甘みと口の中で一体に。タレの味噌のうまじょっぱみとマヨネーズのコクが加わって融合し、トロトロの状態となり、それをゴクリンコと顎下に飲み下したのであった。肉のハンバーグよりあっさりしていて飯によく合い、なんとなく心が健康的になった。

# のり丼

## 鼻孔をつく磯の香り

我が厨房「食魔亭」のご飯ものでは、丼料理が圧倒的に多い。通常の親子丼、天丼、カツ丼、海鮮丼は当たり前のもので、「食魔亭」オリジナルの丼も数多い。

例えば丼飯の上にオムレツをのせた「オム丼」、コンビーフと刻みキャベツ、タマネギを炒め、それを飯の上にかけた「コンビーフ丼」、酢飯の上に甘じょっぱく煮付けた油揚げの千切りをのせた「キツネ丼」、油を敷いたフライパンの上で納豆を焼き、その上で目玉焼きを作り、それを丼飯の上にのせてから削ったカツオ節を敷き、醤油をかけて食べる「焼き納豆丼」などである。

これから述べるのは、大好物の「のり丼」である。つくり方が簡単な上に、とてもシンプルな丼飯なのでよく楽しんでいる。先ずタレをつくる。味醂1に醤油2の割合で合わせ、そこにカツオ節でとったダシ汁4を加えて煮詰めておく。次に揚げ衣をつくる。ボウルに水150ミリリットルを入れ、そこに小麦粉（天麩羅粉）100グラムを加え、粉が少し残るぐらいまで箸でかき混ぜる。

市販の焼きのり1枚を8等分に切り分け、そののりに衣を薄くつけ、160度のサラダ油（天麩羅油）でこんがりと揚げる。そののりの天麩羅にタレをさっと絡め、丼に盛った飯の上に敷き並べる。その上に市販の乾燥青のりを振り、さらにその中央に紅ショウガをチョンとのせて完成だ。

そののり丼の迫力のあること。丼飯全体が黄色い衣に包まれて、透けて見える黒いのり。点々と散らばる青のり。それらを浮き立たせる紅色のショウガ。見ただけで食べる前から我が輩の口の中は涎の洪水だ。

それではいただきましょうと、丼を左手に持ち、右手に箸を持って、先ずその丼を鼻の前に近づけて匂いを嗅いだ。すると瞬時に鼻孔からのり特有の磯の香り、潮の香り、海の香りが飛び込んできた。箸でざくっと取り、口に運んでムシャムシャと噛んだ。すると口の中には、のりからの爽やかなうま味と、揚げ衣からの油のコク、飯からの優雅な甘みが広がっていって、それをタレの甘じょっぱみが囃し立て、誠にもって美味しい。もうたまらず、ンガ、ンガ、ンガと貪るようにして口にかっ込むと、丼はあっという間に恥ずかしそうに底をさらけ出すのであった。

衣をつけて揚げたのりの天麩羅丼ではなく、もっと簡単なのり丼もよくつくる。焼きのりを鋏《はさみ》で切って、5ミリ幅の千切りにする。それを、フライパンに引いたゴマ油でさっと煎る。そこに白ゴマと塩を適量振って、全体をざっと混ぜる。丼に盛った飯の上にその煎りのりを全面にかけ、上から青ネギのみじん切りをかけて完成。

こののり丼は、のりの香りとゴマの香りが鼻孔の中で優しく絡み合い、口の中ではのりのうま味と飯の甘み、ゴマ油のコクとが絡み合い、それをシンプルな塩味が巧みに融合させてくれるものだから、こちらもあっという間に丼は底をさらけ出すのである。

# 第4章 冬の食卓

# 本格湯豆腐

## 絹か木綿か、酒に合わせ

天明2年（１７８2年）に刊行された「豆腐百珍」には、約１００種の豆腐料理が記載されている。その中に「湯やっこ」というのがあり、これが今の湯豆腐である。ところが我々が今日食べているものとはかなり食べ方が異なり、豆腐を煮る湯には葛《くず》湯を使い、浮き上がろうとする豆腐をタイミングよくすくい上げなければならない、などといった細かい芸当までしなければならないのである。

そのため誰となくそのやり方を改良し、今の方法になってきたのである。我が輩が北大路魯山人とともに食聖と敬う本山荻舟《もとやまてきしゅう》の書には、今日の方法の基本のようなことが載っているので、我が厨房「食魔亭」での湯豆腐はいつも本山流儀に徹している。実は昨夜もその湯豆腐と燗酒で身も心も温《ぬく》もった。以下は本山流の仕方。

そう大きくない土鍋に煮出し昆布を敷き、鍋の中央に付け醬油を入れる猪口《ちょく》（ちょうど蕎麦のタレを入れるものと考えていい）を置き、醬油7に酒3の割合に合わせた付け醬油を猪口に七分目ほど入れる。

薬味には削ったカツオ節とみじん切りしたネギ、好みで七味唐辛子などを随時猪口に入れておくと風味が豆腐と融合して美味しい。

鍋に湯をたっぷりと入れ、食塩をひとつまみ加え、豆腐は好みの大きさに切る。鍋の湯が沸いてきたら豆腐を少しずつ加え、豆腐が動き出して浮上したところを煮加減良しとして取り上げ、猪口の付け醬油に軽く付けて受け皿に取り、熱いうちに賞翫《しょうがん》する。

昆布は長く入れ放しにしておくと、ぬめりやアクが出て豆腐の味を損ずるから、やわらかくなったら引き出すことである。引き出した昆布は2センチ角に切り、やはり付け醬油で食べると美味しい。

豆腐を食べ終わってもまだ猪口に付け醬油が残っているときには、鍋の煮湯にそれを移し、飯を加えて、温まる程度のさらりとした雑炊にすると、酒後の食事として余すことなく整理できる。以上が本山荻舟の著述であり、我が輩は忠実にこれを守って昨夜も湯豆腐を楽しんだのである。よく湯豆腐に使う豆腐は木綿豆腐か絹ごし豆腐かが論じられるが、本山流では敢《あ》えて触れていないので、どちらか好みで選んでよいと思う。つまり本格的な大豆の風味を感じたい人は木綿豆腐を、やわらかい舌触りを好む人は絹ごし豆腐というように、堅く考えないでよろしいのである。

例えば我が輩の場合、湯豆腐となると必然的に燗酒が脇に在るので、その酒に合わせて豆腐を選ぶようにしている。純米酒のように味に幅があり、濃い口の酒には必ず木綿豆腐にしている。逆に吟醸酒のように、味が繊細で口当たりのやわらかい酒には絹ごし豆腐と決めている。

こうしてじっくりと味わってみると、酒と肴の相性というのが実によくわかるのである。純米酒の香味は、木綿豆腐ががっしりと受け止めて互いが融合するが、絹ごし豆腐では持たない。逆に吟醸酒の香味はやわらかい絹豆腐がしっぽりと包み込んでよく似合うが、木綿豆腐ではどうも馴染みにくいものなのである。ただしこれは、あくまでも我が輩の所感である。

# 悶絶《もんぜつ》のカキフライ
## ハフハフ、サクリ絶妙

この季節になると、無性にカキフライが食べたくなるときがある。そんなときには必ず自分でつくって賞味することにしている。街に出て行って買ってくれば楽なのだが、それはしない。過去に何度も買ってきたことはあるのだけれど、衣が厚すぎる、カキの身が小さすぎる、硬くてゴロゴロしているといったものが大半だったので、自分でつくるしかないと思ってそうしているのである。

先ずカキの売り場に行って最適なものを選ぶことから始めている。鮮度がよくて大粒でなければいけないのは当然で、それには全体に光沢があり、貝柱の部分が半透明で肉厚の上にふっくらとし、内臓を覆っている乳白色の部分が大きく膨らみ、黒色のぴろぴろとした襞《ひだ》が冴えているものを選ぶことにしている。

そのカキ（300グラム）は薄い塩水の中で泳がせるようにして洗い、ザルに上げる。一個一個をペーパータオルで軽く包んで水気を拭きとり、両面に塩、コショウをする。カキに薄力粉を薄くまんべんなくまぶし、それに溶き卵を絡ませる。それを多めのパン粉に埋めるようにしてたっぷりとパン粉を絡め、手で軽くはさんで衣を落ちつかせる。揚げ油は中温（170〜180度）に熱し、カキを静かに入れてキツネ色になるまでカリッと揚げ、油を切る。

タルタルソースは茹で卵（1個）の殻をむいてからみじんに切る。ボウルにマヨネーズ（大さじ4）を入れ、そこにみじん切りした卵、パセリのみじん切り（大さじ2）、タマネギのみじん切り（大さじ1）、レモン汁（大さじ半分）、塩とコショウ（各少々）を加えて混ぜ合わせる。

出来上がったカキフライの美味しそうなこと。全体がキツネ色をしていてどことなくポッテリとし、衣はしっかりとサクサク感を残している。カキフライが盛んに誘ってくるものだから、もうたまらずに揚げたてを1個箸でつまんで食べた。まだ熱いのでハフハフしながら口に入れて噛む。すると衣がサクリ、サクリと歯に当たり、衣の中からカキの濃厚でクリーミーなうま味がトロロ、ジュルルと出てきて、揚げ油のペナペナとしたコクが包み込んで絶妙であった。食べている間、ずっと鼻孔からはカキ特有の海の香りと揚げ油からの香ばしい匂いも抜けてきて、やっぱりカキフライはこれでなくちゃならねえと思うのであった。

タルタルソースも上手にできたので、2個めはそれをたっぷりと付けて食べたが、そのときはシャトー・ペロンの白ワインの辛口の栓を抜いて楽しんだ。このワインはカキフライに実によく合う。

カキフライを数粒残しておいて、翌日の昼食に「カキフライ丼」をつくった。酒と味醂と醬油と砂糖を大さじ2ずつ合わせて調味液をつくる。小鍋に水120ccと調味液を入れ、火にかけて沸騰させ、そこにタマネギ（半個をスライス）を加え、ひと煮立ちしたらその上にカキフライをゴロゴロとのせる。さらにひと煮立ちしたところで溶き卵（2個）を上からまんべんなく流し入れ、その上に刻んだ三つ葉を撒く。卵が固まってきたら火を止めて、丼に七分目ほど盛った温かいご飯にかぶせて出来上がりである。そのカキフライ丼の美味しさといったら腰を抜かさんばかりだから試してみるとよい。

# 鴨鍋の至福
## 脂身プルル、コク絶佳

野生で自分の力で生きるマガモ（真鴨）と、肉や卵を生産する目的で飼育されている家畜のアヒル（家鴨）を交配させたものがアイガモ（合鴨）である。通常「鴨南蛮」とか「鴨鍋」に使われるカモは、そのアイガモのことである。マガモと比較すると肉はやわらかく、脂肪も多く、野生肉特有の臭みがほとんどないのが特徴である。

この時季《じき》になると、なんとなくカモ肉が恋しくなるのは、昔からの野鴨解禁日が寒さを増す晩秋から初冬のころで、鍋料理の季節到来と重なるためなのであろう。我が輩もこの時季、デパートの精肉売り場に行ってカモ肉のロース身を買ってきて、カモ南蕎麦をつくったり、鍋料理をしたりする。

我が厨房「食魔亭」名物は「カモの味噌鍋」である。いつものように４人分をつくると、カモロース肉１枚（４００～５００グラム）は、一度皮目をさっと焼いてからそぎ切りにする。長ネギ（１本）は３センチの長さに切ってから焼いておく。

ダシ汁（カップ２）を土鍋に入れて火にかけ、麦味噌（15グラム）と白味噌（同）を溶かし入れ、さらに味醂（大さじ３）、白ワイン（大さじ１）を加えて味を調える。そこにカモ肉を入れ、火が通ったところでネギを加え、粉山椒を振って食べる。ここで注意するのは、火を通し過ぎると肉が硬くなってしまうので、色が変わりかけたところで引き上げて食べると実に美味い。

その鍋の実に美しいこと。全体が味噌に染められて赤銅色に輝き、そこにカモ肉の淡いピンク色と白い脂身、そしてネギの白と緑。

それではいただきましょうかと、先ずはお目当てのカモ肉を一枚箸で取り、口に運んで食べた。熱いのでハフハフしながら噛むと、肉は歯に応えてシコシコとし、そこから濃厚なうま味がジュルジュルと湧き出してくる。また脂身は歯にプルル、プルルと滑るように応えてきて、そこからトロトロとした感じのコクが溶け出してきて絶佳であった。

そしてそれらのうま味やコクを、味噌のうまじょっぱみとそこから湧き出してきた熟した発酵香が包み込み、ネギは、自らの持つ甘みと肉からのうま味、脂身からのコクに染められて、これも絶妙であった。美味なカモは滋養強壮になり、ネギは肉の臭みを消してくれる。この互いの相性のよさを、あっさりとした麦味噌と白味噌を介して食べる鍋の味には粋さが加わるのでなお美味しくなるのである。

「鴨すき」もよくつくる。ロース肉の薄切り（300グラム）、長ネギ（1本）、焼き豆腐（1丁）、エノキダケ（1袋）を割りした（ダシ汁50ミリリットルと酒及び醤油各大さじ3、砂糖大さじ1を合わせたもの）で煮てすき焼き風にしたもので、酒の肴にもよく、ご飯のおかずにも最高である。

それを少し残しておいて、翌日の昼飯時にコトコトと温め返し、丼に盛った熱い飯の上にのせて食べる「鴨すき丼」の美味なこと。そのときは、面倒くさがらず、飯の上にカモ肉、ネギ、焼き豆腐、エノキダケを分けながらキチンと並べ置くと、見ただけでその丼は抑え切れぬほどの食欲を誘ってくるのである。それをンガンガ、ガツガツと貪る我が輩は、いくつになっても少年ここに在り、だ。

# サバめし
## 生と焼きから炊き込み2種

サバ（鯖）はとても好きな食材なので、いつも頭の中にこの魚がある。味噌煮や醤油煮でも、塩焼きや開きでも、とにかくご飯によく合うので、街の定食屋に入ってサバがあったらその場で万歳三唱だ。そんなわけで我が厨房「食魔亭」でもご飯のおかずにサバ料理はよくつくっている。

最近では珍しいサバの炊き込みご飯に凝っていて、2種類つくって食べているが、それがとても美味しい。先ずは生のサバを使ったサバめし。生サバを三枚におろし、おろし身の骨をきれいに取り、小さく角切りにしておく。ニンジン（半本）は小さく角切りにし、ゴボウ（4分の1本）は刻んでおく。

米（3合）をといでから水を捨て、炊飯器に入れ、煮汁（醤油70cc、味醂大さじ4、酒大さじ1）を加えてから3合炊きの水加減に合わせる。そこにゴボウとニンジンを入れて炊き上げる。それをご飯茶碗に盛り、いただく。

そのサバの炊き込みご飯は見ただけで涎ピュルピュルだ。醤油と味醂と酒でご飯は飴色に染められ、その中に乳白色のサバの角煮がゴロゴロと点在し、それを浮き上がらせるかのように赤いニンジンが散っている。それを茶碗に盛り、それではいただきますと口の中にかき込む。すると瞬時に、炊き込みご飯の郷愁を感じさせる芳香が鼻から抜けてくる。

ムシャムシャと噛むと、先ずサバの身が歯に応えてポクリポクリとし、そこからサバ特有の奥の深い濃厚なうま味と脂身からのペナペナとしたコクがピュルピュル、ジュルジュルと湧き出してくる。またご飯はホクホクとしながら歯に応え、そこからは耽美な甘みが、サバのうま味や醤油のうまじょっぱみなどを伴って湧き出してくるのである。

一方、街で売られている塩サバでの炊き込みご飯も実に美味しい。フライパンにゴマ油を引き、中火にして塩サバの切り身（2切れ）の両面をこんがりと焼く。炊飯器に米（2合）を入れてとぎ、水を捨ててからそこに酒（大さじ2）、味醂（大さじ1）、醤油（大さじ1）、ショウガの絞り汁（小さじ１）を加える。２合の目盛りまで水を張り、焼いたサバをその上にのせてスイッチオン。

炊き上がったらサバを取り出して骨を丁寧に抜きとり、身を手で裂きほぐしてからご飯に戻す。刻みネギ（大さじ３）を加え、よく混ぜ合わせて出来上がりである。

その炊き込みご飯を茶碗に盛っていただく。ご飯もサバも飴色に炊き上がり、それを食べると先ず焼きサバの香ばしい匂いと炊き込みご飯の芳香が鼻を擽《くすぐ》る。食べるとほっこりとする飯は、すっかりサバの濃いうま味とコクに染められて絶妙。またサバもしっかりと飯の優雅な甘みに馴染んで秀逸。

そしてサバの身と飯とを同時にムシャムシャと噛むと、サバの身からの濃厚なうま味とペナペナとした脂肪からのコクが米の甘みと隙間のないほどピッタリと融合し、味覚極楽の妙味が味わえるのである。

この焼いたサバでの炊き込みご飯は、そのうま味に驚かされた。一度焼かれてから今度は煮られるという二度の加熱は、サバのうま味を余すことなく引き出すのかもしれない。

# 北海雑炊

## 味噌仕立てでホッカホカ

札幌にも仕事場がある我が輩は、冬の寒い日に外から帰ってくると、いつも温かい雑炊が食べたくなる。雑炊とは、魚や野菜などの具と飯を鍋に入れ、味噌や塩、あるいは醤油で味を付けて煮たもので、古くは「増水」とも書いた。

冬の札幌や小樽の市場には、いつも多種の魚介類が豊富に売られているので、雑炊の具には困らない。サケやマス、アンコウ、タラ、ゴッコ（ホテイウオ）、貝類、カニやエビ等々枚挙にいとまがないほどである。それがどれも新鮮で安いので、有り難いやら嬉しいやらで、心弾ませて市場に行って品定めをすることが何よりも楽しい。

2週続けて別々の雑炊をつくり、大いに堪能した。先ず最初の週は「サケの味噌雑炊」である。生ザケ（2切れ）は両面に塩を振ってしばらく置き、一度焼いてからほぐし身にする。焼くと雑炊となってから生臭みはほとんどなくなる。春菊（100グラム）はやわらかい葉だけを摘みとって、さっと茹でて2つに切り分ける。炊いたご飯は、水の中で潰さないように軽く洗ってほぐし、水気を切っておく。少量のダシ汁で赤味噌（大さじ8）を溶いておく。ショウガ（半かけ）は千切りにする。土鍋にダシ汁（8カップ）を入れて火をつけ、ご飯（3カップ）と味噌を入れ沸騰したら火を弱め、サケと春菊を加えて仕上げに醤油（大さじ1）を落として出来上がりである。

雑炊は全体的に淡黄色で、ピンク色のサケの身と緑の春菊が全体に散っている。では早速いただきましょうかと、ご飯茶碗に盛り、熱いので注意しながら食べた。雑炊は口の中でトロトロといった感じで広がり、瞬時に春菊の清々しい香りが抜けてきた。口の中ではサケの身が歯に当たって潰れ、そこから優しいうま味がピュルピュルと出てきて、次にご飯も潰されると今度は耽美な甘みがチュルチュルと湧き出してきて、全体を赤味噌の重厚なうまじょっぱみと発酵香とが包み込む。そして飯粒の一粒一粒がサケの上品なうま味に染められて絶妙であった。そのトロトロとした雑炊をご飯茶碗で3杯も平らげたら、体は芯から温まって汗がびっしょりと噴き出した。

次の週には「ホタテの雑炊」をつくった。生のホタテの貝柱（生食用5個）を洗ってから水気を拭きとり、手で粗くほぐしておく。ご飯はいつものようにさっと水で洗ってほぐしておく。土鍋にダシ汁（5カップ）を入れて煮立て、味噌（大さじ4）を入れて溶かし、ご飯（300グラム）を入れて煮立てる。ひと煮立ちしたらホタテ貝を加えて火を通し、おろし際に1センチぐらいに切ったセリ少々を撒いて出来上がりである。

この雑炊を食べると、ホタテ貝の存在価値がよくわかる。ほぐされたホタテの身が煮られて、優雅なうま味と優しい甘みが遊離してきて、ご飯の一粒一粒を染め上げるものだから、鍋の中の全てがすっかりホタテの自己主張に押し切られた状態になっているのである。それを味噌の熟したうまじょっぱみがしっかりと包み込んでいるものだから、もはや我が大脳味覚受容体は限界感度量まで達したのであった。窓の外を見ると、札幌の薄暮は残雪が街一面を覆っているが、我が輩はこの安値の経済的雑炊のおかげでホッカホカと温かい。

# ブリのアラの粕鍋

## 目玉の周囲が妙味

夏には暖流にのって北海道周辺まで北上し、晩秋には主に日本海沿岸を南下して、それが冬にかかるものを俗に「寒鰤《かんぶり》」と称して珍重する。脂が乗り、冬一番の美味魚ゆえに鮮度のよいものは先ず刺し身で賞味する。照り焼きや大根との煮付け、塩焼き、味噌漬けにしてもよく、我が輩は鍋料理でいただくことが多い。

その鍋料理をする場合は、ブリのアラ（粗）を使い酒粕仕立てで行うのが大好きである。酒粕を使うと、乗り過ぎなぐらい多い脂のくどさを和らげてくれ、その上、体をポカポカ温めてくれる。また、アラは肉身に比べて格段に安く、しかも特段に美味な箇所なので経済的にもよい。

ブリの頭、鰭《ひれ》、腹皮（砂ずり）、中骨などのアラ（400グラム）は食べやすい大きさにぶつ切りし、塩を振ってしばらく置き（約1時間）、熱湯にさっとくぐらせて水にとり、水気を切る。大根（300グラム）は5ミリの厚さのいちょう切り、ニンジン（150グラム）は5ミリの厚さの半月切りにする。油揚げ（1枚）は縦半分に切ってから2センチ幅に切る。ワケギ（4本）は斜め切りにする。

鍋に昆布ダシ汁（6センチ角の昆布1枚を8カップの水に浸して30分置く）、ブリのアラ、大根、ニンジンを入れて中火にかけ、煮立ったらアクを取って油揚げを入れる。酒粕（100グラム）と味噌（大さじ5）を溶かし入れ、弱火にして20分煮る。最後にワケギを入れてひと煮立ちしたら5人前の出来上がり。

粕汁を丼に盛り、温かいうちにいただく。汁だけをズズズーと啜って飲んでみると、瞬時に酒粕の熟した発酵香が鼻孔から抜けてきて、口の中にはこってりとした濃厚なうま味が広がっていって、その味は口中を疼《うず》かせるほどのものだった。

次にぶつ切りの鰭を食べた。皮の下に付いていた肉身と脂身が皮からピョロロンと外れて口の中を漂う状態となり、それを噛むとフワワ、ペロロとしてそこから誠にもって耽美なほどの甘みとうま味、ゼラチンあるいはコラーゲンと思えるようなペナペナとしたコクなどがじゅんわりと溶け出してくるのであった。アラを賞味するときは、この感覚を研ぎ澄ませておくことが大切だ。

そして再び汁をグビリンコと飲み込んで、次に頭部のアラを箸で取り食べた。ちょうど目玉付近のところであるが、そこの妙味はまた格段の迫力があった。とりわけ目玉の部分に我が輩の唇を付けチュウチュウと吸うと、そこからキョロキョロとしたゼラチン質がジュルジュルと流れ出てきて、その至上のうま味といい、奥の深いコクといい、究極の美味と表現しても余りあるものであった。

さらに腹側のポテポテとしたアラの肉身に至っては、口に入れたとたんに自らトロトロトロと崩れていき、そこからも絶佳のうま味とコクとが湧き出してくるのであった。

ブリのアラの粕汁をじっくりと味わってみると、酒粕を使うことはまったくの正解だということを、あらためて認識した次第である。あれだけこってりとした脂を穏やかになだめてしつっこさを抑え、生臭みも自らの発酵香で消し、自らじゅんわりと湧き出した深いうま味も汁全体を染め上げる。魚のアラと酒の粕は互いが副産物だけれども、ここでは立派な主役である。

# チキンシチュー

## 鶏と野菜が味、染め合う

「シチュー」は野菜や肉、魚介類をダシやソースで煮込んだ料理の、英語による総称である。フランス料理では「ラグー」などが対応するが、調理法や鍋の種類によって呼称が分かれる。この煮込み料理の確立は16世紀から17世紀にかけてフランスにおいてとされ、日本では明治4年（1871年）、東京の洋食店「南海亭」のメニューに「シチウ」として牛や鶏のうま煮の品書きがある。明治5年の「西洋料理通」（仮名垣魯文著）も牛肉、鶏肉、トマトを用いたシチューを紹介している。

我が厨房「食魔亭」では「チキンシチュー」をよくつくる。鶏骨付きのぶつ切り（600グラム）は水気を取ってから塩コショウして手ですり込む。タマネギ（1個）は6等分の櫛形切り、ニンジン（2本）は皮をむいてひと口大に切る。ジャガイモ（2個）も皮をむいてひと口大に切り、ピーマン（3個）は縦半分に割って種を取り、ひと口大に切る。

厚手の鍋に大さじ1の油を引き、野菜類をざっと炒めてから鶏肉を加え、肉の表面の色が変わったら小麦粉（大さじ3）を振り込んでさらに炒め、途中で水（4カップ）、固形チキンコンソメ（3個）を砕いて入れ、強火にする。煮立ったら弱火にして浮いてくるアクや脂肪をすくい取り、鶏の肉の中にまで火が通ったらあとひと煮立ちしてから、最後に塩とコショウで味を調えて出来上がりである。

鍋の中のシチューは誠に美しい。全体が黄金色に染まり、淡い琥珀色の鶏肉やジャガイモ、赤いニンジン、緑のピーマンなどが目に冴える。鍋からシチュー用の器に鶏肉、ジャガイモ、ニンジン、ピーマンなどの具をおたまで取り分け、煮汁もドロリとかけて、ナイフとフォークとスプーンを使っていただくのである。

先ずお目当ての鶏肉にナイフを入れて、肉を小分けにして食べた。口に入れて噛むと、肉はホクホクとしながら歯に潰されていき、鶏肉特有の軽快で淡泊なうま味がピュルピュル、チュルチュルと湧き出してくる。その味がタマネギやニンジン、ジャガイモの野菜から出た甘みに染められて、誠にもって秀逸な美味しさである。次にジャガイモを食べてみた。イモはポクリ、トロロロとしながら自ら崩れていき、耽美な甘みがチュルチュルと湧き出してくる。サラサラとしたものが舌の上に広がり、ジャガイモはさらに甘く美味しく自己主張するのであった。

ニンジンもピーマンも鶏肉のうま味に染められて、華麗に変身して美味しくなっていた。このときはワイン（安くて美味しいイタリア・トスカーナ産の赤ワイン）を飲《や》りながら、すっかりとこのシチューを堪能した。最後は器に残った煮汁をパンに吸わせて食べてみた。ドロリとした煮汁をたっぷりと吸ったパンを噛みしめると、汁はジュルジュルと滲み出して、パンのふくよかな生地と見事に合う。我が輩は少々酔ってきたので、奇特な考えを起こして、ご飯に汁をかけて食べてみて、パンとどっちが美味いかを試してみることにした。茶碗に温かいご飯を盛って、ドロリと煮汁をかけ、よく混ぜてからガツガツと食べた。するとご飯の一粒一粒が汁のうま味を吸っていて、噛みしめるたびに舌は踊るのであった。さて軍配はどちらに？

## エビの焼きめし
### 奥深いアンチョビー

近くのスーパーマーケットに行って、無頭エビ（ブラックタイガー200グラム）を買ってきた。塩水でさっと洗い、殻をむいて背わたを取り、3等分ぐらいに切る。ネギ（1本）は縦半分に切ってから小口切りにする。卵（3個）を割ってほぐし、油を引いたフライパンで卵焼きをつくり、これをみじん切りにする。

大きめのフライパンにサラダ油（大さじ4）を引き、そこにエビとネギを入れて炒め合わせてから、ご飯（800グラム）を加えて木べらで切るようにして混ぜ合わせる。さらにアンチョビー（30グラムを粗く刻んだもの）と卵焼きを加えてよく炒め合わせ、最後に醤油（大さじ1）と豆板醤を数滴で味を調え「俺流エビの焼きめし」4人分の出来上がりである。

添えるのは市販のチキンコンソメ（顆粒）でスープをつくり、熱した中に溶き卵（1個）を回しかけてフワフワと浮遊させ、そこに乾燥ワカメをパラパラと撒いたものである。

その焼きめしを白磁の皿の中央に丸く盛ると実に美しい。焼いためしの中にエビの赤、卵の黄、ネギの薄緑などが目に冴え、所々にアンチョビーの茶褐色の粒々が涎を誘う。

それではいただきましょうと、先ず散蓮華で熱いスープをすくって飲み、次に焼きめしをごそっと取って食べた。すると瞬時に鼻孔から炒められためしの香ばしい匂いとエビ特有の掠れたような匂い、アンチョビーの発酵香などが抜けてきた。ムシャムシャと噛むと、口の中ではエビのコロコロとした身が歯に応えてポクポクとし、そこからエビだけが持つような甘く切ないほどのうま味がチュルチュルと湧き出してくる。

焼かれためしはフワワ、パララと歯に応え、そこからは優しく淡い甘みがピュルピュルと出てくる。そしてそれらの美味しさにアンチョビーからの熟成した奥の深いうま味や、豆板醤からのうま味をのせた辛みなどが重なって、誠にもって秀逸な焼きめしであった。

その焼きめしを食べながら、合間合間に飲む熱いスープは、口の中に残っている豆板醤の辛みをさらに刺激して、爽快な気分となる。

我が輩がつくる焼きめしの中で、カレー風味を付けたものも実に美味しい。具は焼き豚（薄切り4枚を乱切り）とタマネギ（半個をみじん切り）、ニンジン（半本をみじん切り）である。フライパンにバター（20グラム）を溶かし、ニンニク（2かけ）とショウガ（5グラム）をすりおろしたものを炒め、香りが出てきたら焼き豚とタマネギとニンジンを入れて炒め、カレールウ（2かけ）を入れてよくほぐす。そこにご飯（400グラム）を加え、さらに茹でグリーンピース（缶入り、大さじ2）を加え、最後に塩、コショウ、顆粒ダシ各少々で味を調えて出来上がりである。

それを白磁の皿に盛ると、黄金色のめしの中にニンジンの赤、タマネギの透白、焼き豚の琥珀、グリーンピースの緑が散らばり、あたかも花畑のような焼きめしになる。それを散蓮華でごそっと取って食べると、ホコホコとしためしとシコシコした焼き豚が歯に応え、そこから濃厚なうま味とコクが湧き出してくる。それをカレーの快い辛みと快香が包み込んで、何となくエキゾチックな雰囲気も味わえるのである。

## 豚肉のハリはり鍋
### 鯨代わりに再構築

ハリハリ鍋は本来、鯨の肉と水菜を用いた鍋料理のことである。大阪でよく食べられ、「ハリハリ」は水菜の繊維質によるシャキシャキとした食感からきた表現である。昆布やカツオ節でとったダシ汁を鍋に張り、水菜をたっぷりと入れて薄切りの鯨肉を加え、煮立ったら七味唐辛子か粉山椒《ざんしょう》を薬味にいただく。本来は一般的な鍋料理と違って、鯨肉の持ち味をしっかり味わうために水菜と鯨肉以外は何も入れない簡素な鍋である。

一方、大阪にはこれと別に「水菜とお揚げのはりはり鍋」というものもあって、こちらは水菜と油揚げをダシ汁の中で煮た鍋料理である。そこで我が輩は、この2つの鍋料理を折衷、再構築して「豚肉と水菜と油揚げのハリはり鍋」といったような、へんてこりんな鍋をつくり、楽しんでいるのだけれどこれが実に美味しい。鍋の恋しい寒い日には、よくこれをつくり熱燗の肴にしてほくそ笑んでいる。

そのつくり方（5人前）。京水菜（2袋）は水洗いして5センチ幅に切る。鯨肉の代わりの豚肉（ロース500グラム）はひと口サイズに切り、油揚げ（5枚）は2センチ幅に切る。シメジ（2パック）は石突きを落として手でほぐす。鍋にダシ汁（2・5リットル）、酒（大さじ7）、味醂（大さじ7）、醤油（大さじ7）、塩（小さじ1）を入れて火を加え、煮立ったところに豚肉、油揚げ、京水菜を入れて肉に火が通れば出来上がり、という簡単なものである。

その熱々を器に取り、先ず水菜をごそっと箸で取って口に入れ噛んだ。熱いのでハフハフしながら食べると、水菜は歯に応えてシャキリ、シャリリとし、瞬時に鼻孔から青々とした緑の香りが抜けてきて、口の中では水菜特有のシャープな感じの甘みがスッと湧き出してきて、さらにそこに染め付いていた煮汁のうま味もじゅんわりと出てきた。

そして豚肉を1枚取って噛むと、正肉の方はシコリシコリとし、脂身の方はプヨヨ、ピロロとしてそこからは濃厚なうま味とペナペナとしたコクとがジュルジュル、テレテレと湧き出してくるのであった。

油揚げは歯に応えてフワワ、ジュワワとして、それを噛みしめると濃醇なうま味の煮汁と、ペナペナとしたコクとがジュワワ、ジュワワと湧き出てくるのであった。そこで、熱めにつけておいた純米酒をコピリンコと飲《や》ると、酒は口の中の味を丸ごと引き連れて顎下に下っていって、胃の腑の辺りに着くとその周辺をジュワワーンと熱くした。

こうして豚肉と水菜と油揚げをじっくり賞味しながら飲む熱燗の酒は、夜長の候の嬉しい贅沢であった。すっかりとハリはり鍋を堪能したが、鍋にはまだ沢山の具と汁が残っている。そこで一旦それを冷蔵庫に移し、翌日の朝に温め返しをして、そこにご飯を入れてぐつぐつと煮て、雑炊にして食べた。ご飯茶碗にそれを盛り、その雑炊の上から市販のポン酢醤油をかけ、七味唐辛子を振り込んで食べたのである。

すると雑炊の飯は、こってりとした豚肉のうま味と油揚げのコクに染められて、そこにポン酢醤油の爽やかな酸味とうまじょっぱみ、七味唐辛子のピリ辛などがまとわりついて、頬落舌踊の美味しさであった。

# タラの竜田揚げ
## カレー粉入れ、カラッ

竜田揚げは、醤油や味醂などで下味を付け、片栗粉をまぶしてから油で揚げるのに対し、唐揚げは調味液で下味を付けずに食材に小麦粉をまぶしてから油で揚げたものである。完成後の姿は竜田揚げは唐揚げよりも赤みの濃い揚げ色となる。「竜田」の名の由来は奈良県を流れる紅葉の名所竜田川に因《ちな》んだものということである。醤油に漬けて赤っぽい色を出すだけでなく、片栗粉も付ける。火が通ると片栗粉は白くなる。赤い色のところに点々と白いものが見え、あたかも紅葉の中を流れる竜田川の滝や白い水飛沫《しぶき》を思わせる揚げものに付けた名なのだそうだ。

さて、タラ（鱈）の季節になると、我が輩はそれを使って簡単につくれる美味しい肴で酒を楽しんでいる。酒は焼酎のお湯割りで、実によく合う。市販の生ダラ（4切れ）の骨を取り、1切れを2等分する。それを漬けダレ（酒大さじ3、醤油大さじ2、味酢大さじ1、カレー粉小さじ2、おろしニンニク小さじ1をよく混ぜたもの）に浸して下味を付け、しばらく置く。汁けを拭き取ってから片栗粉を薄くまぶし、中温（170度）の揚げ油でカラッと揚げて出来上がりである。

その揚げたてのタラの竜田揚げは濃いめの琥珀色あるいは赤銅色となり、所々には片栗粉の白が散っていて涎を誘う。早速焼酎のお湯割り（我が輩は焼酎7に対し湯3で、やや濃いめが好み）を用意した。すかさずそれをキューーと一杯ひっかける。すると焼酎は、喉を過ぎて食道を熱い一本の線のようにして急降下。胃の腑の辺りの鳩尾《みぞおち》に着くと、その周辺をジュワワ～ンと熱く疼かせ、もはや陶酔感の先立ちである。

そして先ずレモンを搾り込んでから、1個の竜田揚げをそのままひと口で口に入れ、ムシャムシャと噛んだ。すると瞬時に揚げ衣の香ばしい匂いと、微かなカレーの快香が鼻孔から抜けてくる。口の中では、衣が歯に当たって小さくサクサクと応え、そこからタラの身が信条とする美しいほどの淡泊なうま味がチュルルル、ピュルルルと湧き出してきて、それを揚げ油のコクが囃して絶妙であった。そこで気付いたのがカレー粉の存在である。ほんの少し使っても、淡泊な味のタラの身をエキゾチックな香りで引き立てて、美味しさへと仕上げていくのであった。

こうしてタラの竜田揚げと焼酎を堪能して、その日を終えた。竜田揚げをまだ何切れも残して冷蔵庫に一旦移したのは、翌日の朝食に使うためである。先ずフライパンにバターを溶かし、冷蔵庫から出してきた竜田揚げをそこで焼き温める。別に食パンを2枚トーストして、その1枚の上にバター焼きの温かい竜田揚げを2切れほどのせ、コショウを多めに振り、その上からもう1枚のトーストをかぶせてサンドイッチにする。それを端の方からガブリ、ガブリと食べるのである。とても迫力のある食べ方なのだけれど、それがまた美味しさを呼ぶのだ。

ムシャムシャと噛むと、パンのパサパサとした食感の中に竜田揚げの身と衣からのムチリ、ペナナとした食感が重なり、それをバターのコクとコショウのピリ辛が囃し立てて、その爽快さに満ちた食事からやる気十分の朝を迎えられるのである。

## 憧れの玉子丼
### ニラ玉豚にエビ玉も

鶏卵を使った「玉子丼」にはいろいろある。最もシンプルなものはタマネギを甘じょっぱく煮て、溶いた生卵で綴じ、丼飯にかけたものである。タマネギの甘みと卵のトロトロが食欲を誘い、あっという間に丼は恥ずかしそうに底をさらけ出してしまう。

親子丼はタマネギと鶏肉を卵で綴じ、飯にかけたもので、玉子丼の一種とみてよく、ほかに「カニ玉丼」「鰻玉丼《うなたま》」「木の葉丼」「天津丼」などもある。我が輩もよく食べているが、中でも「ニラ（韮）玉丼」が大好物。ただし卵とニラだけではちょっと淋しいので、肉を加えた「ニラ玉豚丼」をつくる。これが実に美味い。うま味たっぷりの豚肉と卵に香りと歯応えのよいニラ、飯の甘みなどが絡み合い、我が大脳味覚受容器を激震させるのである。

つくり方は我が輩1人分とすると豚バラ肉（80グラム）をフライパンに引いたゴマ油で炒め、肉に火が通ったらそこに調味料（市販めんつゆ大さじ2）、醤油小さじ1、砂糖小さじ1、味醂小さじ1を加え、中火にしたままニラ（40グラムを3センチの長さに切ったもの）を加え、さらに溶き卵（2個）を回しかけし、卵が半熟状になるまで加熱してから火を止める。それを丼に盛ったご飯の上に静かにかぶせ、紅ショウガをパラパラと散らして出来上がりである。

丼に盛った光景の何と美しいことか。半熟状のトロトロとした卵は鮮やかな黄色と純白を彩り、豚肉は乳白色にぷよぷよとし、周りにあるニラの緑が目に染み、紅ショウガの赤が目に滲む。いよいよ食べた。

上層部の方を箸でまとめて、かき込むように口にズルルルと入れ、ムシャムシャと噛んだ。すると瞬時にニラの快香と甘じょっぱそうな煮汁からの食欲を誘う匂いが鼻孔から抜けてきた。口の中では、半熟卵のズルル、トロトロが舌に触り、肉はシコリ、ペロロ、ニラはフワワ、シャキリと歯に応え、卵の優しいうま味と豚肉からの濃厚なうま味とコク、飯からの耽美な甘み、ニラからの高尚なほどの微甘などがチュルチュル、ジュルジュル、ピュルピュルと忙しく出てくるのである。

全体を煮汁の甘じょっぱさが包み込んで、味覚極楽の境地へ誘ってくれる。これはちょっと大袈裟かなあ。それにしても玉子丼は凄い。

「エビ玉丼」もよくつくるが、こちらも頬っぺた落としの味がする。殻をむいたエビ（4尾）の背わたを取り、よく熱したフライパンにゴマ油を引き、強火でさっと炒めておく。鍋にダシ汁（50cc）と鶏ガラスープの素（ひとつまみ）、醤油（小さじ2）、砂糖（小さじ2）、味醂（小さじ1）を入れ、エビと茹でた枝豆（数粒）を加え、煮立ったら溶き卵（2個）を回しかけし、卵が半熟の状態になったら火を止め、丼に盛った飯の上に被せる。

こちらの玉子丼も目を見張るほど美麗だ。卵の黄色と白の中にエビの紅白が豪華に侍座《じざ》し、鮮やかな枝豆の緑が散らばる。ガツガツと貪ると、卵の優しいうま味とエビの高尚な甘み、煮汁の豊麗な甘じょっぱさ、飯の耽美な甘みなどが口の中で交錯し合い、またもや味覚極楽の境地に浸れるのである。玉子丼は美味しく、美しく、簡単で経済的。その上、カロリーバランスも理想的なのだから、確かに天晴れだ。

## ホタテ貝

表面だけ焼き　レアで

天然のホタテ貝は波の静かな内湾の水深数メートルから30メートルぐらいの砂の中に、半ば体を埋めて棲《す》んでいる。北海道から東北地方の寒い海に多産する貝で、美しく均整のとれた放射状の襞殻は、まるで扇のように広がっているところから「海扇《かいせん》」の名も付けられている。

ホタテ貝は昔は全て天然ものであったのが、今はほとんどが養殖ものとなり、いつでも食べることができるので重宝されている。天然ものは漁期が8月ごろから始まり、桁《けた》網や掻き網を使い、海底を掻き起こすようにして獲っている。

札幌市や小樽市の市場では今の時期、いきのよいホタテが店頭に沢山並んでいる。ほとんどは殻から外された「貝柱」で、貝柱といえばホタテ貝の代名詞ほどのものなのである。先日、小樽市の南樽市場と小樽三角市場に行ってみると、どこの鮮魚店の店頭でも、いきのいいホタテが所狭しと並べられ、ひと山あるいは1パック幾らで売られていた。貝好きの我が輩は当然買ってきて、さまざまな料理で楽しんだ。

買ってきたホタテはとても量が多いのだけれど、いきのいいうちに食べてしまおうと張り切り、その日の夜はホタテ三昧極楽日とした。先ずは生食。大粒でポッテリとし、淡いピンクと琥珀色を帯びた乳白色のホタテは眩しいほどの光沢を放っていて、それにワサビ醤油をチョンと付けて食べた。かなりの大粒なので口に入れると食べ応えがあり、ムシャムシャと噛むと身はポテリ、トロリと優しく歯に応え、そこからホタテ貝特有の奥の深い甘みと耽美なほどのうま味とがジュルジュルと湧き出てくるのであった。

スープは「ホタテの卵とじスープ」にした。このスープは札幌の友人に教えられたのであるが、実に美味しい。鍋に水400ccとスープの素を加えて煮立て、そこにタマネギ（半個をみじん切りにしたもの）とホタテ（生5個をたたくように乱切りしたもの）、コーン（小缶で約80グラム）を加えて煮立て、さらに水溶き片栗粉（水大さじ2と片栗粉大さじ1を合わせたもの）を加えて手早く混ぜてとろみをつける。直ぐにそこへ溶き卵（1個）を回しかけし、卵がふんわりと固まったら火を止め、塩とコショウで味を調えて出来上がりである。

これはちょうど中華風のスープに似た感触で、それがホタテに合って実に美味しい。そのスープを中華碗に盛り、熱いので注意しながら中華さじ（散蓮華）ですくい取り、ズズズーッと啜った。スープは口の中でトロトロとしながら、そこからホタテ特有の甘みとうま味、卵からのしっとりとした幅のあるうま味、コーンの甘みなどが湧き出してきて絶妙だった。

「ホタテのバター炒めニンニク風味」もつくった。フライパンにバター（10グラム）とニンニク（1かけを薄切り）を入れて炒め、そこにホタテ（生8個を切らずにそのまま）とシメジ（1パックを手でほぐす）を加え、醤油（小さじ2）、塩（小さじ半分）、白ワイン（20cc）、コショウ少々を入れて味を調え、火を止めて出来上がり。ホタテは表面だけを焼き、中は半生（レア）状態に仕上げると美味い。辛口ワインとの相性は抜群で、ついつい飲み過ぎてしまうので注意している。

## ブリの水菜鍋
## 冬の醍醐味、〆はうどん

　東京では京菜《きょうな》といい、関西では水菜《みずな》と呼び、京都では壬生に優良種があるというので壬生《みぶ》菜《な》というこの粋な野菜は、霜にあたってからがやわらかくなり、殊にうま味がのり、冬季の小鍋仕立てに人気が高い。

　食べ方も粋な料理が多く、単に水菜と油揚げの千切りだけをダシ汁と醤油で煮て食べたり、正月雑煮の青みに添えられたり、さらに関西や九州では「水菜のパリ炊き」あるいは「水菜のハリハリ鍋」と称して、鯨肉とともに鍋で賞翫《しょうがん》する。

　一方、この水菜の最も美味しい時季に重なり合うのはブリ（鰤）だと信じている我が輩は、寒い日の水菜の鍋にはブリの身を使うことが多いのである。

回遊魚のブリは、群れで北海道の餌場《えさば》で成長し、今度は産卵のため日本海を南下する。この途中で定置網などで引き上げられるのが、いわゆる「寒鰤」なのである。

我が厨房「食魔亭」の「ブリの水菜鍋」（4人分）は次のようにしてつくる。

土鍋にダシ汁（1リットル）と酒（70ミリリットル）を入れ、その鍋を沸かし、そこにブリ（切り身400グラム）、水菜（300グラムを4センチ幅のざく切りにする）、長ネギ（2本を4センチ幅の斜め切りにする）、シメジ（150グラムは石突きを取る）、豆腐（2丁をひと口大に切る）を入れながらグツグツと煮て、「食魔亭」特製の本格ポン酢醤油（酢大さじ1、醤油大さじ1弱、レモン搾り汁2滴、味醂大さじ1の割合で混ぜたもの）をつけ汁にして食べるのである。

大皿に盛ったそれらの具は、実に我が輩を誘ってくる。瑞々しい水菜の光沢なる緑に目は冴え、新鮮なブリの背側の黒い皮と腹の方の白銀色の皮が美しく、やや赤身がかった肉身と脂肪がよくのった白みを帯びた肉身とのコントラストは、天然美色の艶《あで》やかさでもあった。

つけ汁の入った鍋取り皿に水菜とブリの身、汁を取り、食べ始めた。先ず汁をひと口啜《すす》ると、瞬時に口中に重厚なうま味が広がり、ブリの存在感がしっかりと伝わってきた。次に水菜を取って口に運びムシャムシャと噛んだ。すると水菜はしっかりと歯に応え、シャリリ、パリリとして、そこからほのかな甘みと軽快なほろ苦みがチュルチュルと出てくるのであった。

次にひと口大のブリの切り身を口に入れて噛んだ。すると身はホコリ、フワワとともやわらかく歯に応え、そこからは濃厚であるけれどもきめの細かいうま味がジュルジュルと湧き出してくるのであった。

その上、かなり脂肪ののっていた切り身であったので、そこからはペナペナとした脂肪がジュワリ、トロリと滲み出してきて、それが軽快なコクを呼んで、頬っぺた落としの味がした。豆腐もネギもシメジもすっかりブリのうま味とコクに染められて、その全体も特製ポン酢醬油のうまじょっぱみとうま酸っぱみに染められて、冬の醍醐味をじっくりと味わうことができた。

例によって鍋の最後の〆はうどんにした。これまでの経験で、ブリ鍋の場合はご飯での雑炊よりも、うどんの方がずっと合うと確信したからである。その〆のうどんも天下取りの味がした。

# クルミの飴煮
## ウイスキーと絶妙な相性

クルミ（胡桃）は古来日本人の大好きな堅果である。多量の脂肪とたんぱく質を含み、栄養的にも極めて優れた食べものなので、さまざまな料理にも使われてきた。

我が輩はあるとき、とてつもなくコクのある美味しい料理を食べた経験があり、そのとき「これは一体何でしょうか？」と問われたことがあった。江戸時代の珍味ということであったが、それは今までに経験をしたことのないほどクリーミーでコクがあり、フワフワとした中からまっとりとしたうま味があった。しかし、食べものに対して百戦錬磨を自負する我が輩でも、それが何だかわからず、白旗を上げた。

その答えは「胡桃卵《ことうらん》」というもので、クルミと鶏卵でつくった珍味だという。因《ちな》みにそのつくり方を聞くと、殻をむいた生クルミ（50グラム）を焙烙《ほうろく》で煎り、薄皮を取り、する。それに溶き卵（2個）、醤油（小さじ1）、酒（小さじ1）を加えてさらにすり合わせ、蒸したものだということだった。それに従い我が輩もつくってみたが、誠にもって美味しかった。

ところでそのクルミのことだが、我が輩は「クルミの飴煮」が大好物である。石川県立大学の客員教授もしていて、金沢市に接する野々市市のキャンパスに講義に行った帰りは、必ずといってよいぐらい金沢駅の土産売り場でゴリの佃煮とクルミの飴煮を買ってくる。

ゴリの佃煮はご飯のおかずにするが、クルミの飴煮の方は、ウイスキーのロックをチビリチビリと嗜《たしな》むことがある。それはあるとき、その酒のつまみになんとはなしに金沢で買ってきたクルミの飴煮を摘まんだところ、それがまた驚くほどウイスキーに合うことを知ってからは、いつもそうして楽しんでいる。

ところが、絶えず金沢に行っているわけでもないから、そのうち飴煮はなくなる。デパートに行けば売っているだろうけれど、自分でつくれない訳ではなかろうと調べていると、そのつくり方のレシピを発見。よし我が厨房「食魔亭」でも挑戦してみることにした。

先ずは無塩の生クルミをネットで探すと、いくらでも検索でき、その中からこれぞ、と思うものを手に入れた。生クルミ（200グラム）をたっぷりの湯で茹でこぼし、アクを抜く。それをザルにとって水気を切る。鍋に砂糖（50グラム）、水飴（50グラム）、水（60ミリリットル）を入れてとろ火にかけ、ゆっくりと混ぜながら溶かす。

そこにクルミを入れ、水分がなくなったら飴をしっかりクルミに絡ませる。それを140度の低温の油で揚げ、キツネ色になったら取り出して油を切り、クッキングペーパーを敷いたバットに広げて熱を下げる。それを食べやすい大きさに割って出来上がりである。

飴色あるいは琥珀色に光沢したそのクルミを口に入れて噛むと、ポクリ、ホコリと歯に潰されて、飴からの甘みとクルミからのクリーミーなコクとがトロトロ、チュルチュルと湧き出してくる。

そこにウイスキーのロックをコピリ、グビリと口に含むと、口の中ではクルミの脂肪からのペナペナとしたコクが、ウイスキーのシャープな辛みをマイルドにしてくれて、絶妙な味わいとなるのである。

# 俺流しめサバ

## 妖しくも美しい光沢

冬のサバ（鯖）が一番美味しいのは、脂肪がよくのっているのに、身が締まり、生でも焼いても煮ても完璧なほどの魚体だからである。そんな時季をやすやす見逃す手はないと、我が厨房「食魔亭」ではとたんにサバ料理が頻繁となる。「サバの塩焼き」「サバの味噌煮」「サバの竜田揚げ」「サバ大根」「サバのすき焼き」（屋久島の民宿で教えてもらった）、「サバしゃぶ」（福岡市で食べて感動した）などいろいろな料理で楽しむ。

中でも俺流の「しめサバ」は、とても美味しいのでよくつくって賞味している。サバは必ず鮮度のよいものを選ぶ。目は澄みきっていて血など混じらず曇りもなく、魚体はピンと張って丸々としており、指で押してみるとムッチリと弾むように返ってきて、且《か》つ砕氷の中に浸されているようなものを買ってくる。

それの頭を落として腸を抜き、ざっと洗ってから三枚におろし、腹骨をすき取り、小骨はトゲ抜きで身の流れにそって抜き、水気をよく拭く。そのサバの表面全体にたっぷりの塩をまぶし、一晩冷蔵庫で寝かせて身を締め、生臭みを除く。

翌日サバを取り出して、それを割り酢（酢と水で半々に割った酢水）で手早く洗って塩を落とし、それを浸し酢（生酢に砂糖と醤油を少々加えたもの）に1時間浸し、途中時々裏返す。

浸し酢から引き上げたら水気を拭きとり、頭の方から尾に向けて薄皮を引き、あとは刺身をつくる要領で1センチ幅で切る。

それを器に盛り、その脇に穂じそと芽たでを飾り、薬味におろしたワサビあるいはおろしショウガを添えて完成である。

「しめサバ」をつくるとなると、最初から難しいと決め込んでいる人も少なくないが、以上のように実際つくってみると誰にでもできるような易しい料理なのである。

皿に盛ったそのしめサバは、妖しいほどの美しさで光沢を放っていた。背側の皮面の方は、やや濃いめの白銀色で、腹側の下部に移るにつれ眩しいほどの白銀色である。また肉面の方は全体が淡い赤みと黄みを帯びた夕陽のような代赭《たいしゃ》色で、砂ずり近くの脂肪が厚くのっている辺りは、ぽってりとしていて白っぽい。

それではいただきましょうと、醤油皿に醤油を入れ、そこにおろしたワサビを少し入れて溶かし、先ずは1切れのしめサバを箸で取り、それを醤油にチョンとつけてから口に含んで食べた。

するとサバの身はしっとり、ほっくりと歯に応えていくうちに、次第にトロリ、ペトリと崩れていき、そこからサバ特有の濃厚なうま味と微かな甘みとが出てきて、さらに脂肪からのペナペナとしたコクがジュルジュルと流れ出てきて、それらを酢からの爽やかな酸味が包み込んで、味覚極楽の味がした。

我が厨房では、いつもこのしめサバを多めにつくっておいて、酢飯に押して「サバ棒ずし」をつくることもある。それを輪切りにして、ぶ厚いしめサバの身と酢飯を豪快に口に放り込み、ムシャムシャと噛んで熱い茶など飲みながら、その滋味の余韻を味わうとき、我が輩は幸せすぎるほどのひとときを感じるのである。

## 春雨のスープ
### 歯応え淡々、無垢な味

春雨は緑豆またはジャガイモ、サツマイモなどの澱粉《でんぷん》からつくった透明、線状の食品である。記録によると中国では、すでに6世紀に緑豆を発酵させて粗澱粉をとり、それでつくって「粉絲（フェヌ・ス）」と呼んだとある。また日本では鎌倉時代に葛や片栗から製造して、それを「水繊《すいせん》」と呼んでいた。従って、透き通って細い紐のようなこの食べ物は、古い歴史を持った食品なのである。

春雨の料理には「ひき肉と春雨の炒めもの」や沖縄の「春雨チャンプルー」のような炒めもの、「ナマコと春雨の煮もの」「豚肉と白菜の春雨煮」といった煮もの、「春雨焼そば」や「シーフード焼き春雨」などの焼きもの、「春雨とキュウリ、ニンジンのサラダ」のような熱を加えないものなど、煮ても焼いても、臨機応変に使える優れものである。

そんな中で我が輩は「春雨のスープ」がとても好きなのである。我が厨房「食魔亭」のレシピは次の通り。干しシイタケ（2個）は戻して千切りにし、鶏ささ身（100グラム）は筋を取ってから千切りにし、下味（片栗粉小さじ1、ショウガ汁小さじ2分の1、塩少々）にからめておく。ロースハム（薄切り2枚）は千切り、長ネギ（2分の1本）は青みの部分まで斜め薄切りにする。

鍋にラードを溶かしてささ身を中火で炒め、ほぐれたらシイタケを加えてさっと炒める。そこにスープ（市販の固形コンソメ2個をカップ4の水で溶かす）を注ぎ、煮る。煮立ったら酒（大さじ1）、コショウ少々を入れ、味をみて塩で調え、そこに春雨（15グラム）を加えてやわらかくなるまで煮る。最後にハムと長ネギを入れてひと煮して出来上がり。

白磁の中華用丼に盛ると、心が洗われるほど美しい。全体がごく薄い緑色を帯び、ネギの緑と白、ハムの淡桃色、鶏ささ身の淡い浅黄色、シイタケの薄茶色、そして春雨の透き通るような色。それらを片栗のトロリとした光沢が照らしている。

先ずは、散蓮華でごそっとすくい取ると、何本かの春雨は滑るようにしてこぼれ落ち、丼に戻ってしまった。そのまま散蓮華を口に運び、啜るようにしてジュルルル、トロロロと吸い込んだ。すると瞬時に、鼻孔からシイタケと長ネギの快香が微かに抜けてきて、口の中にはトロリとしたコクのあるうま味が広がっていった。噛むと春雨のコキリ、プチリとした歯応えが妙で、そこにささ身とハムのフワワとシコリ、ネギのシャリリ、シイタケのホクリなどの歯応えも重なってくる。

そして、ささ身やハム、シイタケからの濃いうま味、ネギからの微かな甘みが口中にあふれるなか、ひとり春雨は、味も香りも湧き出さずにただコキリ、プチリと音だけを発している。まさに「濃処」に対する「淡泊」、「派手」に対する「質朴」、「煩悩」に対する「無垢《むく》」に似ている。ほとんど香味を主張せず、ただ淡々とおいしい歯応えの音だけを演じている春雨。だからこそ、我が輩はこの食べものが好きなのである。

## 牛肉豆腐
### 焼酎・ワイン、何でもござれ

発酵学者の宿命のようなもので、毎日のように味噌汁や漬物、納豆、酢のもの、ヨーグルト、パン、チーズなど発酵食品を食べているし、発酵嗜好品である酒も毎日のように嬉しくいただいている。日本酒、焼酎、ワイン、ビール、ウイスキーなどそれぞれの酒の肴に何をつくるか、いつも迷うのである。

いっそのこと、どんな酒とでも相性のよい一品はないものかと考えたところ、思い当たったのが「牛肉豆腐」であった。これなら日本酒に持ってこいだし、焼酎やウイスキーに負けないし、赤ワインにもピッタリだと思ったのである。実際に牛肉豆腐をつくり、それぞれの酒との相性について検証したところ、やはり我が輩の考えた通りの結果と相成った。

牛肉豆腐は次のようにつくった。木綿豆腐（1丁）を横半分に切り、縦に3〜4等分に切る。長ネギ（1本半）ははす切りにし、肉（牛肉切り落としの薄切り200グラム）はひと口大に切る。フライパンに小さじ2の油を敷き、強めの中火で牛肉の色が変わるまで炒め、肉を端に寄せてから豆腐とネギを加え、豆腐にうっすらと焼き色がつくまで焼く。合わせ調味料（水150ミリリットル、醤油大さじ3、砂糖・酒・みりん各大さじ2、塩少々）を加え、5〜10分ほど煮込んだら完成である。

大きめの丼鉢に盛り、取り皿にとって食べた。まず牛肉の1切れを口に入れてムシャムシャと噛むと、シコシコと歯応えがして、濃厚なうま味がジュルジュルと流れ出てくるのであった。これぞ牛肉の真味、といった美味しさで、どんどん噛んでいくと肉はぽろぼろとほどけ、そうなってからも甘みを伴ったうま味が湧き出してくる。

ここで少し熱めに燗をした辛口の純米酒をコピリンコと飲んだ。すると酒はいっぺんに口の中に広がって、今度は牛肉の味をあっという間に消し、鼻孔からは日本酒の芳醇《ほうじゅん》な香りが抜けてくるのであった。

次に豆腐を食べた。歯に当たってポクリ、ホクリとして、そこから豆腐の持つ優しい甘味とうま味がチュルチュルと出てきて、それを煮汁のうまじょっぱみが囲むような形となって、おいしく煮上っていた。豆腐をのみ下して、再び日本酒をグビリンコ。ネギも肉の濃いうま汁や煮汁に染められて、自らの甘みも主張して絶妙であった。

牛肉豆腐を半分残して冷蔵庫に収め、翌日温め返して赤ワインの肴とした。煮汁が染み込んだ濃厚な味の牛肉と豆腐に、辛口ワインの酸味と渋みとが誠にもって意気投合し、それこそあうんの呼吸であった。

別の日に牛肉豆腐をつくって、今度は蒸留酒である焼酎（このときは芋焼酎を選んだ）とウイスキー（『知多』という銘柄のロック）で賞味したところ、こちらもピッタシカンカンでとても美味しい時間を味わえた。牛肉と豆腐とネギだけであるのだけれど、どんな酒でもやってきな、といった野武士のような肴は頼もしい。

## キノコとホタテのグラタン
### こってりソース平らげる

山梨県北杜市にあるキノコ専門農家を訪ねてみたら、シイタケやキクラゲ、ヒラタケ、ナメコ、タモギタケ、黒アワビタケ、ヌメリスギタケ、ヤナギマツタケ、茶エノキなど多種のキノコが年間を通してつくられていた。キノコの育種技術と栽培法は隔世を感じさせるほどの進歩がある。デパートやスーパーの食品売り場に行くと、見たこともないようなキノコがコーナーに並べてあって驚かされるほどである。

我が輩はとてもキノコが好きなので、厨房の「食魔亭」の冷蔵庫に欠かすことはほとんどない。キノコの味噌汁やバター炊め、煮つけなどに週に3日はキノコを食べている。

先日はワインの肴に合うキノコ料理として「キノコとホタテのグラタン」をつくった。

使ったキノコはマイタケとヒラタケで、ホタテとともに近くのデパートから買ってきたものである。この料理は孫娘がとても大好きでいつも山盛りを平らげるので、少々多めに5人前とした。

マイタケとヒラタケはそれぞれ1パックずつをひと口大に裂き、生ホタテの貝柱（8個）はそれぞれ半分に切り、軽く塩をしてから白ワインでさっと煮る。ニンジン（1本半）とブロッコリー（1個半）はひと口大に切ってから一度ゆでておく。

大きめのグラタン用の皿にそれらを盛り、ホワイトソース（1缶）を加え、さらに生クリーム大さじ5、白ワイン大さじ2をかけ、塩と粉チーズを好みの量加えてから180度で7分間焼き上げて完成である。

取り皿に盛って眺めてみると、実に美しい。全体に白色のソースが広がり、そこにキノコの淡い茶色、ホタテの白、ニンジンの緋《ひ》色、ブロッコリーの鮮やかな緑で、まるで天然美色が浮き上がってくるようだ。

それではいただきましょうと、冷やしておいた手軽な白ワインの栓を抜き、まずはコピリンコした。ワインは思った通り軽快な香味を持っていて、それが胃の腑の周りに着くと辺りをじんわりと熱くした。

キノコ2種を箸で取って食べた。噛むとホコリ、シコリ、コキリといった歯応えの中から、キノコ特有のうま味がジュルジュルと湧き出してくる。その味をこってりとしたソースのコクがピロロンと包み込み、口の中にはあっという間に味覚極楽が広がった。次にホタテを口に入れて噛むと、こちらはポクリ、ホクリとした歯応えがして、歯に潰されるとそこから実に耽美な甘味と優雅なうま味とがピュルピュル、チュルチュルと湧き出してくるのであった。

そこでまた白ワインを、今度はグビリンコした。口の中のグラタンの味は途端にワインに流されてさっぱりとしたので、再びキノコやホタテ、ニンジン、ブロッコリーをパクパクと賞味し、あとはじっくりグビリンコのワインで楽しんだ。具はすっかりと平らげて、皿にはトロトロとしたホワイトソースが少し残ったので、そこに炊いた飯を加えて混ぜ、リゾットのようにして食べたらとてもうまかった。

# おわりに

「まずはワインを一口コピリンコ、箸でムシャリンコ、そしてまたグビリンコ」とテンポの良い小泉先生ならではの表現が大好きで文章を読んでいると、口いっぱいによだれが広がり、お腹がグウグウとなり、さあ、これからつまみを作って呑もうかー！　なんて気分に。

発酵研究・料理家として普段から作っているのはもちろん発酵食を使った料理が多いのですが、どうしても「映え」を意識してしまったり、割と女性に受ける料理を作ってしまいがちです。

小泉先生とは、山梨県の農政部の6次産業化事業プロジェクトでアドバイザーとしてご一緒させていただいたところからのご縁です。その後、発酵の学校に講師として呼んでいただくなど、先生のいちファンである私にとって「ああ、今まで頑張ってきてよかった」と思えるような関係が続き、自分の運の良さに「これからも日頃の行いは良くしようと思っております（笑）」と常々感じておりました。

今回の出版のお話をいただいた時、涙が出るほど嬉しくて、その半面、おこがましくも私で良いのだろうかと、内心不安だったものです。

ただ、その文章を拝読すれば、読めば読むほど作りたくなる料理の数々、小泉先生の豪快さの中に潜んでいる細やかな味覚のセンスには改めて驚くばかりでした。

なんといってもサバの味噌煮には、普通なら赤ワインを合わせてしまうところ、合わせるのは白ワイン。なんと味付けにはケチャップを使うというところが、なるほど！　白ワインと合うポイントなんだなと。

実際に作ってみて、これは本当にご飯を先に合わせるのはもったいない！　なんならバゲットやカンパーニュと一緒にワインを楽しみたくなりました。

小泉先生の厨房「食魔亭」から生まれる思い出の味を楽しめるのがこの本の醍醐味であ

り、昭和の懐かしい記憶に小泉先生ならではのエッセンスが入った料理と一緒に楽しむお酒は「楽しい！」の一言しかないのです。
そして先生が食と酒のお話をされる時の笑顔ったら、本当に素敵で可愛くて、思い出しながらつられて自分も満面の笑みを浮かべてしまっています。

美味しい話って幸せですね。

今回写真を掲載している料理は、近くのスーパーでも売られている材料で作れるものから選びました。レシピは小泉先生のエッセイを元に、1人分や2人分の量としています。
今回本書冒頭で取り上げた他にも、読みながら作れる料理が盛りだくさんなので、ぜひ挑戦していただきたいです。

一緒に小泉ワールドを堪能しましょう！

2024年2月

発酵研究・料理家　真藤舞衣子

本書は日本経済新聞夕刊に連載中の「食あれば楽あり」を抜粋のうえ編集したものです。

**小泉武夫** こいずみ・たけお

農学博士、発酵学者、文筆家。1943年福島県の酒造家に生まれる。（財）日本発酵機構余呉研究所所長、東京農業大学教授を経て同大学名誉教授。現在は鹿児島大学、福島大学、石川県立大学、宮城大学等の客員教授。『食あれば楽あり』（日本経済新聞出版）、『発酵食品と戦争』（文春新書）など著書は150冊を超える。

**真藤舞衣子** しんどう・まいこ

料理家。東京都生まれ。会社勤めののち、京都の大徳寺塔頭で1年間生活。その後、フランスへの留学、発酵食を中心とした和食、フレンチ、パン、スイーツなど、手がける料理は幅広く、作りやすくてセンスのいいレシピが常に評判。料理教室、レシピ開発、テレビやラジオ出演など幅広く活躍。『発酵美人になりませう。』（宝島社）など著書多数。

日経プレミアシリーズ｜509

# サバの味噌煮《みそに》は、ワインがすすむ

二〇二四年三月八日　一刷

著者　小泉武夫
　　　真藤舞衣子

発行者　國分正哉

発行　株式会社日経ＢＰ
　　　日本経済新聞出版

発売　株式会社日経ＢＰマーケティング
　　　〒一〇五―八三〇八
　　　東京都港区虎ノ門四―三―一二

装幀　ベターデイズ

撮影　竹内章雄

編集協力　田中順子

組版　マーリンクレイン

印刷・製本　中央精版印刷株式会社



ISBN 978-4-296-11908-0　Printed in Japan

日経プレミアシリーズ501

# ほんとの野菜は緑が薄い

「自然を手本に生きる」編
河名秀郎

虫がつく野菜は本当においしいのか、有機マークが付いていれば農薬の心配はないのか、「無添加」表示があれば安全なのか。数ある情報の中からほんものを見分けるには？　農薬も肥料も使わない「自然栽培野菜」の普及に携わり続けた著者が語る、食を取り巻く衝撃の事実。そして、自然の野菜に学ぶ真のナチュラルライフ、心地のいい暮らし方とは。

日経プレミアシリーズ502

# 残念な相続〈令和新版〉

内藤 克

「遺産分割でもめないように」「相続税を減らしたい」――よかれと思った対策が、かえってトラブルをまねく。ベテラン税理士が、相続で陥りやすい罠を明らかにし、必ず押さえておきたいポイントをわかりやすく解説します。近年の相続関連法の大改正に対応し、ヒット作を全面改訂。

日経プレミアシリーズ505

# 株式投資2024

前田昌孝

期待と不安が交錯する2024年の株式市場と投資トピックを、取材歴40年のベテラン証券記者が、独自の取材とデータ分析をもとに解説。日経平均がバブル崩壊後最高値を更新、新NISAの開始で、投資への関心が高まるなかで、マクロ経済環境は一大転換期を迎え、先行きへの不安も大きい。2024年の投資戦略を考える必読書。